Michel Quoist   Zwischen Mensch und Gott

MICHEL QUOIST

ZWISCHEN MENSCH UND GOTT

Betrachtungen Erwägungen

Aufrufe

Verlag Styria Graz Wien Köln

Ins Deutsche übertragen von Ludwig Reichenpfader

Die deutsche Ausgabe erscheint mit Druckerlaubnis des bischöflichen Ordinariates
zu Graz vom 4. August 1960, Zl. 3246

15. Auflage, 1976

Copyright © by Michel Quoist, 1960. Alle Rechte beim Verfasser Michel Quoist,
Le Havre/France, 98, rue Gustave Flaubert. Die französische Ausgabe trägt den
Titel „Réussir" und ist bei Les Editions Ouvrières, Paris, erschienen. Die Rechte
der deutschen Übersetzung und Buchausgabe beim Verlag Styria, Graz-Wien-Köln
Printed in Austria
Gesamtherstellung: Universitäts-Buchdruckerei Styria, Graz

ISBN 3 222 10524 3

INHALT

Der Mensch in Gefahr 9

Erfolg haben 17

Der Mensch

Der aufrechte Mensch 23
Die zwei Dimensionen des Menschen 29
Der atomisierte oder der einheitliche und
    personalisierte Mensch 36
Nicht „verdrängen", sondern „sublimieren" . . . 41
Die Frau 48
Ehelos oder verheiratet, nur der Egoist
    verfehlt sein Leben 55
Jungsein heißt, sich auf die Liebe vorbereiten . . 65
Der Mensch und sein Postament 72
Der vollendete oder der durch Jesus Christus
    vergöttlichte Mensch 79

Der Mensch und sein Leben

Wann wirst du dich endlich ertragen? 89
Freude gewinnen 94
Die todbringenden Sorgen 98
Der Sorglose 103
Frei sein 108

Sorge um die Schönheit 115
Sich nicht überschwemmen lassen 120
Rasten können 124
Überlegen und Entscheiden machen den
    Menschen aus 128
Sich konzentrieren können 134
Um erfolgreich zu handeln 139
„Sein Leben leben" oder die Treue zum gegen-
    wärtigen Augenblick 143

X *Der Mensch und die anderen*

Wer ist der andere? 149
Mit dem anderen in Kontakt treten heißt, ihn in
    sich aufnehmen 151
Mit dem anderen reden heißt, zuerst zuhören . . 156
Mit dem anderen diskutieren heißt, Austausch
    pflegen 160
Auf den anderen einwirken heißt, Vertrauen
    erwecken 166
Lieben heißt, sich verschenken 171
Die anderen lieben heißt, sie zum Leben rufen . . 179
Heiraten 184
Mit seiner Ehe zufrieden sein 190
Das Leiden als tragische Aufgabe des Menschen . 194
Das Leiden, Grundstoff der Erlösung 200
Mit Gott und allen Menschen die Welt vollenden
    und erlösen 206
Sich im ganzen Leben einsetzen, um den ganzen
    Menschen zu retten 213
Dein Bruder leidet und stirbt 221

Der Mensch und sein Leben in Christus

Der Mensch mit „kurzer Sicht" oder die
  „doppelte Schau" des Christen 231
Um eine echte Schau aus dem Glauben zu gewinnen   236
Gott spricht, oder Begegnung mit Christus. . . . 241
Der Plan des Vaters mit der Welt   250
Die wahren Ausmaße des Geschehens 253
Die Revision des Lebens. 256
Sein Gemeinschaftsleben überprüfen   262
Beten heißt, sich Gott zur Verfügung stellen . . . 266
Beichten oder das Sakrament der Buße empfangen . 275
Nie den Mut verlieren. 282
Die Messe in der Weltgeschichte 288
Gegrüßt seist du, Maria 300
Der Weg der Liebe führt zu Gott..., damit man
  mit dem Herzen Jesu Christi liebt   306

DER MENSCH IN GEFAHR

Vor dem Gewissen der Menschheit stehen die „großen Probleme": Die ungerechte Lage der Arbeiterwelt und des Proletariats der sogenannten unterentwickelten Völker sind noch ungelöst. Ihre bitteren Früchte, eine unzählige Vielfalt von Leiden, treffen den Menschen in seinem Fleische und lähmen ihn in seiner Seele.

Heute wird die Menschheit von einem womöglich noch schwereren, weil in größere Tiefen hinabreichenden Übel heimgesucht, das — eine schreckliche Verkehrung der Dinge — bei den entwickeltsten Völkern und den „kultiviertesten" Menschen beginnt. Es handelt sich um eine innere Auflösung, um eine Fäulnis des Menschen selbst. Die größten Gelehrten und Moralisten, zumindest diejenigen, die an den Vorrang des Geistes vor der Materie glauben, sind alle gleich stark darüber beunruhigt, und die Menschheit selbst beginnt sich der Größe der Gefahr bewußt zu werden.

Die moderne Welt ist durch ihre außergewöhnlichen Fortschritte erstaunlich schön und groß geworden. Der Mensch, stolz auf seine Errungenschaften und auf seine Macht über die Materie und das Leben, scheint jeden Tag mehr Gewalt über sie zu bekommen. Nun, in dem gleichen Maße, in dem der Mensch durch die Wissenschaft und die Technik die Außenwelt beherrscht, verliert er die Herrschaft über seine ganze Innenwelt. Er

9

durchdringt das Geheimnis der unendlich kleinen wie der unendlich großen Welten, aber sein eigenes Geheimnis vermag er nicht zu fassen. Er will das Universum lenken, versteht aber nicht mehr, seine eigene Person zu leiten. Er bändigt die Materie, aber während er — frei von ihrer Tyrannei — vor allem aus dem Geiste leben sollte, kehrt sich die perfektionierte Materie gegen ihn, er wird ihr Sklave, und der Geist stirbt.

Wenn der Mensch „den Geist verliert“, verliert er alles. Es gibt dann keinen Menschen mehr. Denn der Geist ist das erste. Weil der Gedanke aus dem Geist hervorgeht, gewinnt die Materie unter der Hand des Menschen Gestalt und erhebt sich der Bau. Weil der Geist den Plan entwirft, wächst die Stadt aus dem Boden, verläßt die Maschine die Fabrik. Weil der Geist die Schönheit erfaßt, wird der Marmor zur Statue, erklingen die Saiten, kommen die Farben zur Harmonie. Weil der Geist einen anderen Geist beflügelt, lebt die Liebe, vereinigen sich die Menschen und wird die Menschheit zur Gemeinschaft. Wenn aber der Geist verdirbt, ist der Mensch in Gefahr; denn das Fleischliche seiner Liebe, die Maschine, die er konstruiert, die Stadt, die er errichtet, und die Welt, die er aufgebaut hat, wenden sich gegen ihn und richten ihn zugrunde. Die Materie entgleitet wiederum dem Menschen. Es gibt keinen Menschen mehr. Alles muß noch einmal angefangen werden.

So sind die Kulturen nacheinander zusammengebrochen. Seit dem Beginn der Geschichte haben sie einander abgelöst, und wir wissen, daß nur wenige äußeren Schicksalsschlägen erlegen sind; alle anderen waren ihre eigenen Henker, weil sie von innen her durch eine langsam fortschreitende Fäulnis ausgehöhlt wurden.

Wir sind stolz auf unsere abendländische Kultur. Eben zu ihrer Rettung haben wir, so scheint es, am größten Blutbad, das die Welt jemals gesehen hat, teilgenommen, und damit sie lebe, sind Dutzende von Millionen Menschen gestorben und Dutzende von anderen Millionen haben gelitten; um sie zu erhalten, rüsten die großen Nationen und stapeln Machtmittel auf, die geeignet sind, ganze Kontinente zu verwüsten.

Gewiß ist unsere Kultur in Gefahr, aber nicht so sehr an ihren geographischen Grenzen als vielmehr an den Grenzen des menschlichen Herzens. Der nagende Wurm sitzt im Innern; er gewinnt unerbittlich die Oberhand, weil er mit den Leichtfertigkeiten der modernen Welt gefüttert wird, die dem Leib die Fleischeslust und dem Geist die Hoffart des Lebens anbieten.

Wir ernten ihre Früchte. Eines der Zeichen für das Schwinden des sittlichen Verantwortungsbewußtseins ist das gefährliche Ansteigen der Jugendkriminalität auf der ganzen Welt; innerhalb der „entwickeltsten" Länder nimmt sie die Form einer wahren Geißel an. Die Zunahme der Geisteskrankheiten und Neurosen aller Art bietet uns eine tragische Krankengeschichte des modernen Menschen. Die „Wilden" brauchen Medizinen für ihre Leiber; die „zivilisierten" Menschen hingegen brauchen ein immer größeres Heer von Psychoanalytikern, Psychotherapeuten und Psychiatern, die versuchen, ihren Geist zu retten.

Der Mensch von morgen wird vielleicht die uns benachbarten Planeten besuchen. Was aber wird der „Gehalt" dieses Menschen sein?

Die ganze Menschheit müßte auf die feierliche und immer aktuelle Warnung Jesu Christi hören: „Was nützt es dem Menschen, die ganze Welt zu gewinnen, wenn er an seiner Seele Schaden leidet!"

*

Dennoch ist die moderne Welt begeisternd, und wir haben nicht nur kein Recht, ihrem blendenden Fortschritt Zügel anzulegen, sondern haben die Pflicht, dabei mitzuarbeiten, statt uns ihrer zu entziehen. Unsere Arbeit wäre jedoch umsonst, wenn wir nicht mit gleicher Anstrengung uns bemühen würden, *dem Menschen das Wissen um seine Seele wiederzugeben. Der Mensch muß wiederhergestellt werden, damit durch ihn das Universum in der Ordnung und in der Liebe wiederhergestellt werde.*

Je leichter es der Mensch im Leben hat und je größer sein Lustgewinn ist, um so mehr Erleuchtung braucht er, um zu begreifen, daß Leben und Genießen nur Mittel sind, um ein höheres Ziel zu erreichen; um so mehr bedarf er der inneren Stärke, um nicht daran zu haften; um so dringender bedarf er der Liebe, um nicht daraus Kapital für seinen Vorteil zu schlagen und seinen Brüdern zu schaden. Wie zum Gelingen eines Baues vom Baumeister genaueste Berechnungen verlangt werden, ein unbedingt sicherer Kopf, so braucht andererseits die Welt zu ihrer Entwicklung und zu einem soliden und guten Aufbau den Menschen, der sie mit Geist und Liebe beseele.

Damit die Menschheit und das Universum ihr Glück finden, genügt es jetzt nicht mehr, dem Menschen seine Seele wiederzugeben, man muß ihm diese „Ergänzung der Seele" bieten, die Bergson bereits forderte.

Aber gehen wir noch weiter. Wenn der Geist des Menschen der triumphierenden Materie gegenüber scheitert, dann deshalb, weil er Gott vergißt, ihn nicht kennt oder leugnet. Das Drama läßt sich auf folgende Weise zusammenfassen: Entweder schließt sich der Mensch Gott an und löst sich von der Materie, oder er schließt sich der Materie an und löst sich von Gott. Kurz, wenn der Mensch in Gefahr ist, dann ist er es deshalb, weil er sich selbst und die Materie wählt.

Die moderne Welt ist für ihn eine dauernde Versuchung.

Der Mensch bringt immer mehr hervor, und in seinem fortwährenden Hunger stürzt er sich auf diese Güter, ohne je gesättigt zu werden. Das ist ein höllischer Kreislauf, bei dem die Bedürfnisse rascher zunehmen, als die Dinge entstehen, und bei dem der Mensch, ein Sklave, sich ausstreckt, um die Früchte der Materie einzusammeln, und damit endet, daß er vor seinen neuen Idolen auf die Knie fällt. So ist er zerrissen in der Tiefe seines Wesens und verurteilt zum Kampf gegen seine Brüder, da jeder — sowohl der einzelne wie die Masse — den eigenen Vorteil um des Genusses willen erraffen und festhalten will.

Trotz seiner Entartung bewundert sich der Mensch. Sind seine Leistungen nicht erstaunlich? Und indem er sich bewundert, vergißt er, Gott zu bewundern, ihn anzubeten. In demselben Maße, in dem seine außergewöhnliche Macht über die Dinge wächst, vergißt er die Allmacht Gottes. Er macht die Dinge zu seinem Gott, er macht sich selber zu Gott an Stelle Gottes.

So trennt sich der „zivilisierte" Mensch von Gott, und trotz seiner großen Deklarationen und genauso gewiß wie durch die Verkündigung atheistischer Doktrinen *baut er eine Welt, in der es für Gott keinen Platz mehr gibt.*

*

Es bleibt das Angebot Jesu Christi, der als Gesandter seines Vaters auf die Erde kam, um den Menschen und die Welt zu retten:

> Ich bin der Weg, die Wahrheit und das Leben...
>
> Ohne mich könnt ihr nichts tun...
>
> Ich bin gekommen, damit sie das Leben haben und es in Fülle haben...
>
> Ich bin die Auferstehung und das Leben, jeder, der lebt und an mich glaubt, wird nicht zugrunde gehen...
>
> Meinen Frieden hinterlasse ich euch, meinen Frieden gebe ich euch; nicht wie die Welt ihn gibt, gebe ich ihn...

Damit der Mensch und die moderne Welt „Erfolg haben", muß man dem Menschen nicht bloß seine Seele wiedergeben, muß man ihm nicht bloß eine Ergänzung der Seele schenken, sondern man muß ihm auch, und vor allem, Jesus Christus wiedergeben. Wenn das nicht geschieht, dann wird es morgen keinen Menschen mehr geben. Der Mensch ist in Gefahr.

*

Weil wir diese Gefahr, die den Menschen bedroht und berührt, für wirklich und mit jedem Tag für bedrängender halten, haben wir diese Seiten geschrieben. Sie möchten dem einen oder anderen helfen, innezuhalten, um wieder zu sich zu kommen oder sich zu stärken. Ein kleiner Beitrag im Vergleich zu der unermeßlichen Aufgabe! Aber besteht die Macht eines Stauwerkes nicht aus unzähligen Wassertropfen?

Gott, dem wir dieses Buch anvertrauen, wird sich seiner bedienen, wenn Er es für gut hält und wenn wir aufgeschlossen sind.

ERFOLG HABEN

Als Antwort auf eine Umfrage, die vom französischen Institut zur Erforschung der öffentlichen Meinung von der Wochenschrift „La Vie Catholique Illustrée" erbeten wurde, bezeichneten

90% der jungen Befragten es als bedeutend für sie, „Erfolg zu haben im Leben";

88%, eine entsprechende Stellung zu erlangen;

59%, sich zu verehelichen und die Zukunft der Ihren zu sichern.

Die Menschen wollen Erfolg haben. Aber um welchen Erfolg handelt es sich? Meistens um materiellen Erfolg. Für uns geht es in diesem Buch darum, einige Überlegungen über *den wahren und umfassenden Erfolg, über den christlichen Erfolg* anzustellen.

Gewiß kann für einen Menschen ohne Glauben dieser Erfolg manches Mal wie eine menschliche Niederlage erscheinen. Wir sagen, wohlgemerkt, „manches Mal". Denn wir vergessen nicht, daß der Herr denen, die Ihm folgen, das Hundertfache versprochen hat, nicht nur später im Himmel, sondern bereits auf dieser Erde. Andererseits wissen wir, daß wir die Pflicht haben, alles zu tun, damit wir menschlich „Erfolg haben" und die Welt Fortschritte macht, und daß uns der Herr nur unter dieser Bedingung jene Gnade geben wird, ohne die wir, und das ist die höchste Ausweitung, keinen übernatürlichen Erfolg haben können.

Wir gehen vom Menschen aus, weil der Mensch das Erste ist, und weil es uns letztlich um den Menschen gehen muß. *Wenn wir aber der Meinung sind, daß es eine Torheit ist, zu glauben, daß das äußere Gefüge hinreiche, um die Menschen zu verwandeln, so meinen wir auch, daß es ebenso töricht ist, zu glauben, daß man den Menschen verändern kann, ohne das äußere Gefüge zu berühren.* Mit der gleichen Bemühung und mit der gleichen Liebe müssen beide Aufgaben angegangen werden.

Man warte auch nicht mit dem Handeln, bis man „geformt" ist; der Mensch baut sich durch die Tat auf, und nur die tätige Liebe zu seinen Brüdern vermag ihn in der Liebe Christi zu verwurzeln. *Der Mensch kann menschlich und übernatürlich nur dann „Erfolg" haben, wenn er sich bemüht, die Welt voranzubringen...*

Dieses Buch ist keine Abhandlung, die auf lehrhafte Weise die Lebensregeln des Menschen und Christen darlegt, sondern bringt, wie wir bereits gesagt haben, *einige Überlegungen* rings um den menschlichen und christlichen Aufbau des Menschen und der Welt. Die Betrachtungen sind in Kapitel zusammengefaßt, von denen einige untereinander verbunden sind, andere nicht. Da wir keineswegs die Absicht hatten, eine vollständige Abhandlung vorzulegen, soll man uns nicht vorwerfen, daß irgendein Bereich ausgelassen sei. Das gleiche gilt für die einzelnen „Kapitel", deren Inhalt nicht ex professo behandelt ist, sondern die jeweils nur *einige Gesichtspunkte* enthalten, während andere bewußt im Dunkel bleiben.

Um einer größeren Klarheit willen haben wir jedoch

diese Betrachtungen in vier große Abschnitte zusammengefaßt: *Der Mensch — Der Mensch und sein Leben — Der Mensch und die anderen — Der Mensch und sein Leben in Christus.* Man darf aber in dieser Einteilung keine scharfen Abgrenzungen sehen. Vielmehr soll jedes Kapitel im Zusammenhang mit allen anderen betrachtet werden. Um das zu erleichtern, haben wir absichtlich viele Hinweise angebracht. Selbstverständlich liegt es nicht in unserer Absicht, die Beziehungen des Menschen zu Christus auf einen bestimmten Abschnitt seines Lebens zu beschränken. Möge es uns im Gegenteil gelungen sein, zu zeigen, daß die Bemühungen des Menschen um den eigenen Aufbau, um den Aufbau seines Lebens und den Aufbau der Welt nur ein und dieselbe Bemühung in Christus sein dürfen, das Reich des Vaters herbeizuführen.

Warum haben wir bestimmte Betrachtungsthemen anderen vorgezogen, und warum haben wir innerhalb dieser Themen einen bestimmten Gesichtspunkt gewählt? Um auf ganz bestimmte Nöte von heute Antwort zu geben. Wir kommen nicht vom Schreibtisch her; wir versuchen, als Apostel im Leben zu stehen, auf dem Horchposten des Lebens, denn wir sind überzeugt, daß Gott uns durch die Nöte der Menschen anruft. Da verlangt eine Gruppe Aufklärung über ein bestimmtes Problem; da ist ein Mensch, der um Rat bittet, um sein Leben von einem bestimmten Gesichtspunkt aus verstehen und leben zu können; da sind Leser von Zeitschriften... alle verlangten eine Antwort, und man mußte ihnen *heute* antworten. Morgen werden andere Antworten notwendig sein, auf andere Fragen von anderen Menschen.

Wir wollten bündig, direkt und den Fragen entsprechend reden. Wir wollten in der Sprache des Alltags über die ewigen Wahrheiten schreiben, in einer Form, die der modernen Welt verständlich ist.

Wenn wir uns des „Du" bedient haben, so geschah das nicht aus Mangel an Achtung vor dem Leser oder gar aus einer Vertraulichkeit, die fehl am Platze wäre, sondern in der Hoffnung, daß der Leser sich an unseren Platz stelle und für sich selbst die vorgelegten Betrachtungen anstelle, wie wir sie für uns selbst angestellt haben.

Leider haben die Menschen von heute nicht mehr die Zeit, lange Abhandlungen zu lesen; aber jeder kann die notwendigen Minuten aufbringen, um über ein paar Zeilen nachzudenken. Denn wir möchten, *daß es zu einem Nachdenken komme, zu einem Nachdenken, das eine Gewissenserforschung und eine Verpflichtung nach sich zieht.*

Wer bereit ist, einmal anzuhalten und, ausgehend von einem Text, diesen weiterzudenken, entzieht sich nicht der Gegenüberstellung mit seinem eigenen Leben und der wortlosen Zwiesprache mit Gott, und er kann seine Seele und seinen Heiland nicht vergessen.

Wenn es uns gelänge, ein paar Menschen die Frucht dieses wohltätigen Innehaltens zu vermitteln, dann hätten wir ihnen geholfen, Erfolg zu haben und die Welt vorwärtszubringen.

DER MENSCH

Der Mensch träumt davon, völlig Herr über sein Leben zu sein. Er hat recht, denn seine Überlegenheit über das Tier besteht darin, daß er über sich und die Welt nachdenken, daß er sein Leben nach den Richtlinien seines Ideals beurteilen und lenken kann. Aber viele Menschen, die sich für Herren ihres Handelns halten, sind in Wirklichkeit mehr oder weniger Sklaven ihres Leibes und ihrer Gefühle. Es ist ihnen nicht gelungen, die Wertordnung ihrer Fähigkeiten aufzustellen und festzuhalten. Entweder sehen sie nicht klar oder sie rechnen nur auf ihre eigenen Kräfte, um „aufrecht" zu leben.

- Psychologisch gesehen, sind wenige Menschen „normal gebaut",
nur wenige Menschen haben die verschiedenen Stufen ihres Seins geordnet und gegliedert,
wenige Menschen sind vollkommen ausgeglichen:
  entweder hat man ihnen nicht geholfen, sich zu bilden (Erziehung),
  oder sie haben sich selber nie gebildet (Anstrengung des Heranwachsenden und des Erwachsenen),
  oder sie haben sich selbst verdorben, die anderen haben sie verdorben, die Dinge, das äußere Gefüge, das Leben...

- Wenige Menschen verdienen den Namen Mensch.

- Der recht gebaute Mensch besteht aus drei Stufen (1):
auf der dritten Stufe ist das Geistige,
auf der zweiten Stufe ist das Sinnenhafte,
auf der ersten Stufe ist das Leibliche.
Die drei „Stufen" entfalten sich, stehen miteinander in
Verbindung, reagieren aufeinander; aber ihre Wertordnung muß beachtet werden. Das Leibliche, das weniger
Edle, ist unten, das Geistige, das Schönste, ist oben.
Wenn die Ordnung der Werte nicht eingehalten wird,
dann ist der Aufbau schlecht, und der Mensch geht
zugrunde.

- Manche Menschen stehen kopf. Das geht aber nicht,
der Mensch ist dazu nicht geschaffen.
Du stehst kopf, wenn die Natur, dein Leib, obenan
ist und kommandiert. Das ist die Sinnlichkeit unter all
ihren Formen. Es kann auch die Krankheit sein, die
erdrückt, statt daß sie beherrscht und aufgeopfert wird.

- Wenn dein Leib entscheidet und befiehlt, und wenn
du gehorchst, dann wird seine Last alles übrige in dir
erdrücken. Deine Empfindsamkeit wird stumpf werden,
dein Geist wird ersticken und blutarm werden.

- Dein Körper hat bei dir nicht völlig und endgültig
die Zügel der Macht ergriffen? Vielleicht, aber wenn du
dich ehrlich beobachtest, wirst du dich mehr als einmal

1. Wenn wir von „Stufen" beim Menschen reden, geschieht das,
um den entsprechenden Wert der Elemente, die ihn zusammensetzen, besser zu unterscheiden; aber wir vergessen nicht, *daß der
Mensch eine Einheit darstellt* und daß er sein ganzes Sein bei jeder
seiner Handlungen einsetzt. (Vgl. Der atomisierte oder der einheitliche und personalisierte Mensch. — Seite 36.)

dabei ertappen, daß du kopfstehst: Das zeigt z. B.:

die Naschhaftigkeit, der du nicht widerstehen
kannst; diese Süßigkeiten, dieses Glas Wein;
dieser verweichlichte Leib, der sich morgens
nicht erheben will;

oder wenn er sich erhoben hat, die Anstrengung scheut;

die gesuchte und ausgekostete „Sensation"
ohne anderen Zweck als deine Befriedigung;

die geschlechtliche Lust, die um ihrer selbst
willen begehrt wird.

Steh aufrecht, sei ein Mensch!

- Manche Menschen bewegen sich kriechend vorwärts; bei ihnen gebietet das Empfindsame.

Deine Empfindsamkeit beherrscht dich, wenn ein
Affekt zur Leidenschaft wird und, weil er der Kontrolle
der Vernunft entgeht, dich „den Kopf verlieren" läßt.

Wenn die Empfindsamkeit herrscht, lähmt sie auch
den Geist, sie nimmt ihn ins Schlepptau, er kann nicht
mehr gesund urteilen und frei handeln.

- Du bist nicht rettungslos zum Sklaven deiner Empfindsamkeit geworden! Vielleicht. — Aber herrscht sie
nicht allzuoft über dich?

Du urteilst, daß dieser Mensch recht hat, weil
du ihn gefühlsmäßig liebst; daß jener unrecht
hat, weil du ihn „nicht sehen kannst".

Du arbeitest bei einem deiner Professoren gut,
weil er sympathisch ist; du tust nichts beim
anderen, weil du ihn nicht „riechen kannst".

Du widmest dich, du verschenkst dich lieber diesem als jenem, weil du ihn gefühlsmäßig liebst:

mit einem bestimmten Menschen arbeitest du gerne zusammen, weil du für ihn „bis ans Ende der Welt gehen würdest", aber mit seinem Freund könntest du nicht zusammenarbeiten.
Du bist verstimmt, du bist zu nichts mehr fähig, denn ein Tadel hat dich verletzt;
ein ironisches Lächeln hat dir wehgetan;
eine Hand hat sich dir versagt.
Du hast keinen Mut mehr zu kämpfen, weil deine Bemühungen nicht bemerkt werden, weil du keine „Tröstung" empfängst (für deine hungrigen Gefühle).
Du betest heute, weil du „in Form" bist, und du bist in Form, weil du einen angenehmen Brief erhalten hast, weil dein Freund eine zartfühlende Geste für dich hatte, weil du in Rührung gerietest beim Anblick eines großen Leidens...
Aber morgen wirst du nicht mehr beten können, weil du leer sein wirst, und du wirst leer sein, weil du keine wahrnehmbaren Ergebnisse auf deine Anstrengungen feststellen wirst; weil irgendeiner nicht an deinen guten Willen glauben wird, oder weil dich dein Freund täuschen oder verlassen wird...
Du stehst nicht mehr aufrecht, du kriechst, Sklave!

- Der aufrechte Mensch, das ist der, dessen Geist in völliger Freiheit über die Empfindsamkeit und den Leib herrscht. Er verachtet weder die Gefühle noch den Leib, denn beide sind schön und nützlich, weil sie von Gott geschaffen sind, aber er beherrscht sie und leitet sie. Er ist der Herr, sie sind die Diener.

- Du hast das Recht, deine Empfindsamkeit und die Kraft deines Leibes zu fördern (2); sie bilden eine Macht, aber du mußt ihr die Richtung weisen; sie sind deine Reittiere, du kannst sie besteigen, aber halte die Zügel fest; sie sind dein Fahrzeug, du kannst damit fahren, aber halte das Lenkrad fest. Wenn deine Rosse durchgehen, wenn du die Kontrolle über dein Fahrzeug verlierst, wird dir ein Unfall zustoßen.

- Gewisse Menschen „schweben in der Luft“. Sie stehen nicht „mit den Füßen auf der Erde“.
Du schwebst in der Luft, wenn du deine Träume für Wirklichkeit hältst;
> wenn du deine Zeit vertreibst mit Pläne schmieden, die du nie verwirklichst;
> wenn du dich den Menschen und Dingen nicht anpaßt;
> wenn du dich nicht gelten läßt, die anderen nicht gelten läßt: die Umgebung, in der du lebst, den Platz, den du einnimmst, die Geschehnisse, die dich berühren...
Du schwebst in der Luft, wenn du dich aus Furcht vor der Wirklichkeit, aus Mangel an Großmut oder in stolzer Zufriedenheit durch die Traumwelt forttragen läßt.

- Wenn du dein Leben träumst, lebst du es nicht.
Du hast das Recht, dich an einen kühnen Traum zu halten, um vorwärtszukommen, aber nie, um dich von der Wirklichkeit zu entfernen.

- Wenn du die rechte Gestalt gewinnen und aufrecht

2. Vgl. Nicht „verdrängen“, sondern „sublimieren“. — Seite 41.

stehen bleiben willst, mußt du dir oft die verschiedenen Stufen des Menschen und ihre Wertordnung in Erinnerung rufen. Dann mußt du dich ehrlich beobachten, wie du dich angesichts einer bestimmten Person, einer bestimmten Handlung, einer bestimmten Haltung verhältst... Was hat dich bewogen, so zu entscheiden, auf diese Weise zu handeln oder zu reagieren. Wenn du bemerkst, daß nicht du selbst dir geboten hast, ist diese Feststellung schon ein Sieg deines Geistes. Er ist dann nicht mehr ein blindes Opfer, er macht sich frei und nimmt seine leitende Rolle in deinem Leben wieder auf.

- Der Mensch kann mit seinen eigenen Mitteln nicht aufrecht stehen bleiben: sein Leib ist zu lastend, seine Empfindsamkeit zu unternehmend. Er braucht eine Kraft, die ihn emporzieht, ihn stärkt und ihn innerlich umwandelt.

Wenn du deine Seele für Gott auftust, wirst du stark sein durch Seine Kraft, und deine Empfindsamkeit und dein Leib werden in deinen Händen sein, weil deine Hände in den Seinen sein werden.

- Wenn du Gott nicht annimmst, verstümmelst du dich, bist du ein unvollendeter Mensch, ein verkürzter Mensch, ein Mensch ohne Haupt, denn im ewigen Ratschluß des göttlichen Vaters ist der vollkommene Mensch *der aufrechte und vergöttlichte Mensch.*

Der alleinstehende, nur sich selbst genügende Mensch ist undenkbar. Wenn er Erfolg haben will, muß er sich frei und ganz Gott öffnen, der sich in Seiner Liebe nicht begnügt, ihn zu schaffen, sondern sich mit ihm vereinigen und ihn in sich umformen will.

Aber auch auf Erden ist der Mensch nicht allein, er ist an alle anderen Menschen gebunden, und er muß sich mit ihnen frei in der Liebe vereinigen.

Nur der Heilige ist ein vollendeter Mensch, der sich von sich selbst ganz frei gemacht hat, um Gott und die Menschheit ganz in sich aufzunehmen.

- Der Vollmensch ist der „aufrechte Mensch", der sich mit Gott ganz verbunden hat, um bis ins Innerste seines Wesens in Ihm umgewandelt zu werden: „Nicht mehr ich lebe, sondern Christus lebt in mir" (3). Das ist die vertikale Dimension des Menschen, sie richtet sich auf Gott hin.

Der Vollmensch ist der Mensch, der sich mit allen seinen Menschenbrüdern aller Zeiten und aller Orte verbunden hat, um mit ihnen ganz eins zu werden. Das ist die horizontale Dimension des Menschen, sie richtet sich auf die anderen hin.

Wer diese beiden Dimensionen nicht erreicht hat, ist ein unvollendeter, ein verkürzter, ein verstümmelter Mensch.

3. Paulus.

- Die Menschen sind nicht Einzelwesen, die nebeneinander stehen, sie sind miteinander verbundene Personen.

Du bist ein Glied der Menschheit, und jeder Mensch ist ein Teil von dir, weil er der Menschheit angehört.

Du wirst dich nur dann umfassend kennenlernen, wenn du alle Menschen kennenlernst.

Du wirst dann erwachsen sein, wenn du durch die Kenntnis und die Liebe mit allen Menschen vereinigt bist, den Gliedern des Leibes Menschheit, von der du selbst ein Glied darstellst.

- Der Knabe wird zum Jüngling, wenn er „Selbstbewußtsein gewinnt", der Jüngling wird zum Mann, wenn er sich der ganzen Menschheit bewußt wird.

- Gewinne Selbstbewußtsein, und du wirst deine Grenzen erkennen, und wenn du deine Grenzen erkennst, wirst du dir die Voraussetzung schaffen, die anderen gelten zu lassen, um dich zu vervollkommnen und zu bereichern.

- Kein Mensch kann allein leben, ohne an sich selbst zu verarmen.

- Die ganze moderne dynamische Psychologie sagt uns, das ganze Evangelium lehrt uns, daß es zwei starke entgegengesetzte Kräfte gibt, die den Menschen antreiben:

eine Kraft der Ausweitung und der Beziehung, die man „Liebe" nennt und die einen von sich fortgehen läßt, um die Gemeinschaften (von der eigenen Familie bis zur Menschheit) aufzubauen;

eine Kraft der Einengung und der Absonderung, die man „Egoismus" nennt und die einen bei sich bleiben heißt in der trügerischen und ewigen Täuschung eines individuellen Erfolges (4).

- Wie immer dein persönlicher innerer Reichtum beschaffen sein mag, wenn du dich absonderst, so wirst du deine Vollreife nicht erlangen. Und wenn du dich bei den anderen bereichern willst, mußt du dich mit ihnen vereinigen, d. h. du mußt sie lieben.
Je mehr du die anderen liebst, um so reifer wirst du werden!

- Wenn du sagst:
   jeder für sich;
   ich zunächst für mich (meine Studien, meine Familie, meine Zukunft, meinen Wohlstand usw.);
   ich befasse mich nicht mit den anderen;
   ich „mische" mich nicht in die Angelegenheiten der anderen (d. h.: ich will nichts wissen von meinen Schulkollegen, meinen Arbeitskameraden, meinen Nachbarn...);
und wenn du in dieser Haltung verharrst, wirst du nie ein echter Mensch werden und erbärmlich unvollendet bleiben.

- Du mußt eine Kette bilden. Zunächst mit denen, deren Hand du ergreifen kannst. Mit deinen Nächsten:

4. Für dieses Thema und für die Themen über die Liebe und über die Ehe haben wir großen Gewinn gezogen aus dem ausgezeichneten Buch „En marche vers l'amour" von Dr. Goust (Editions Ouvrières, 1958).

deiner Familie, deinen Hausgenossen, deinen Nachbarn, deinen Mitschülern, deinen Arbeitskameraden, deinen Spielgenossen. Wenn du keine Gemeinschaft mit ihnen hast, könnte die ganze Menschheit eins sein, und du wärest doch allein. Ein Abgesonderter ist aber, menschlich gesehen, ein Versager im Plan des himmlischen Vaters, ein Ausgestoßener.

- Um den anderen zu begegnen, muß man sie sehen: öffne die Augen!
Um die anderen aufnehmen zu können, muß man Platz bei sich haben: schaffe Raum in dir!
Um sich mit den anderen vereinigen zu können, muß man sich aufgeben und von sich fortgehen: vergiß dich und verschenke dich!

- Mit den Menschen, die durch Zeit und Raum von dir geschieden sind, kannst du dich nur geistig verbinden: Du mußt dich bemühen, sie kennenzulernen, du mußt sie durch die Liebe „in deinem Herzen tragen". Suche sie zu entdecken, in ihrer Existenz, in ihren Problemen, ihren Leiden, ihren Freuden ... durch die Zeitung, durch den Nachrichtendienst, durch das Kino, durch das Fernsehen, durch Bücher, durch Vorträge, durch Reisen ... Erweitere allmählich deinen Gesichtskreis und deine Menschenkenntnis bis an die Grenzen der Erde.

- Man beurteilt die Größe eines Menschen nach seiner Kontaktfähigkeit.

- Gott ist Personengemeinschaft: Er hat dich nach Seinem Bilde erschaffen, d. h. nicht als abgesondertes und getrenntes Einzelwesen, sondern als ein Wesen, das zur Gemeinschaft mit Ihm und der ganzen Menschheit aufgerufen ist.

- Das Heil des Menschen ist ein persönliches und ein *gemeinschaftliches Heil*. Gott hat mit einem „Volk" einen Bund geschlossen, Er hat eine „Kirche" gestiftet.

- Die Menschheit stellt nach dem Gedanken Gottes eine Einheit dar: eine Familie von Kindern, die denselben Vater haben. Durch die Sünde „wurden die Menschenkinder auf der Oberfläche der Erde verstreut" (5). Jeder Mensch muß in sich die ursprüngliche Einheit der Menschheit wiederherstellen. Er bleibt unvollendet, wenn nur ein einziger seiner Brüder ausgeschlossen wird und er sich ehrlicherweise nicht der „Bruder aller" nennen kann.

- Manche meinen: Gott ist nicht notwendig, es genügt, sich mit allen Menschen in einer unermeßlichen Brüderlichkeit zu verbinden; aber kann es denn Brüder geben, wenn es nicht einen Vater gibt, und wer kann der gemeinsame Vater sein, wenn nicht der göttliche Schöpfer allen Lebens?
Wenn du Bruder aller Menschen sein willst, mußt du bereit sein, Sohn zu sein, zu leben und das Leben von Gott zu empfangen — und je mehr du Sohn bist, desto mehr wirst du Bruder sein.

- Manche meinen: Es genügt, sich mit Gott zu verbinden, ohne sich um die Menschen zu kümmern.

5. Gen 11, 8.

Wenn du aber ein Sohn des Vaters sein willst, mußt du bereit sein, Bruder aller anderen Söhne zu sein. Wenn du einen Bruder abweist, weist du den Vater ab, du zerstörst dich, du bist nicht mehr der Mensch, den der Vater wünscht.

- Wenn du leben willst, mußt du deine Brüder lieben: „Wir wissen, daß wir vom Tode zum Leben geschritten sind, weil wir unsere Brüder lieben. Wer nicht liebt, bleibt im Tode" (6). Je umfassender und inniger du die Menschen liebst, um so mehr „wirst du zum Leben hinüberschreiten"; je weiter du dich entfernst und von ihnen trennst, um so mehr wirst du dich zerstören und „vom Leben zum Tode hinüberschreiten".

- Sich Gott und den Menschen öffnen,
    Gott und den Menschen begegnen,
        mit Gott und den Menschen in Gemeinschaft
        stehen
sind keine Verhaltensweisen, die sich ausschließen, sondern im Gegenteil sich ergänzen und sich gegenseitig bestätigen.

Seit der Menschwerdung und der Erlösung hat Christus aus der Menschheit Seinen großen mystischen Leib gemacht:
    Wenn du mit dem Herrn in Gemeinschaft bist,
    bist du mit der ganzen Menschheit in Gemein-
    schaft,
        denn du kannst nicht das Haupt aufnehmen,
        ohne die Glieder aufzunehmen;
    wenn du dich mit den Menschen verbindest, be-

6. 1 Jo 3, 14.

gegnest du dem Herrn,
denn du kannst nicht die Glieder aufnehmen,
ohne das Haupt aufzunehmen.

Wenn du bereit bist, deine Eigenliebe zu verringern,
damit deine Gottes- und Menschenliebe wachse, nur
dann bist du bereit, *ein Mensch zu werden.*

DER ATOMISIERTE
ODER DER EINHEITLICHE UND
PERSONALISIERTE MENSCH

In unserer modernen Welt stellt die innere „Zersplitterung"
des Menschen, seine psychologische und geistige „Atomi-
sierung" eine viel größere Gefahr dar als die Bedrohung
durch die Atombombe. Wenn der Mensch über die materielle Welt immer mehr Gewalt gewinnt, scheint es, daß er,
gequält durch die vielfältigen äußeren Beanspruchungen,
immer weniger Gewalt über sich selbst hat. Er muß sich
seine eigene Synthese wiederschaffen, wenn er leben und
handeln will.

- Der Baum lebt, indem er mineralische Stoffe auf-
saugt. Er macht sie sich entsprechend seinem Wesens-
gesetz zu eigen und führt sie über in einen höheren
Zustand: in das vegetative Leben.

Das Tier lebt, indem es mineralische Stoffe benützt,
und weiters, indem es das vegetative Leben aufnimmt.
Es koordiniert die niederen Energien nach dem in ihm
waltenden Ordnungsgesetz und hebt sie auf eine höhere
Ebene: auf das tierische Leben.

Der Mensch lebt, indem er sich die Eigentümlich-
keiten des vegetativen und tierischen Lebens zunutze
macht, aber er ordnet sie unter und verwandelt sie
durch die Vernunft und die Freiheit zu menschlichem
Leben.

Wenn du ein Mensch sein willst, mußt du deine
Instinkte und Gefühle durch den Geist beherrschen und
in Ordnung halten.

- Es besteht die Wahl zwischen der Vermensch-
lichung durch den Vorrang des Geistes und des Gewissens oder der Vertierung durch den Vorrang des
Instinktes.

Jede Sünde stellt eine Niederlage des Geistes zugunsten des niederen Ich dar. Die Ordnung wird durch-
brochen, der Mensch ist ein wenig weniger Mensch.

- Deine Geranie und dein Hund sind vollkommen. Sie
haben unmittelbar die begrenzte Vollkommenheit von
Pflanze und Tier erreicht. Deine Größe besteht darin,
daß du dich selbst aufbaust. Du bist unvollendet, du
mußt direkt teilnehmen an deiner eigenen Erschaffung.

- Was würde aus dem Rad deines Mopeds, wenn seine
Speichen nicht mehr durch die Nabe zusammengehalten
würden?

Es gäbe kein Rad mehr.

Was würde aus dem Atom, wenn die Elektronen
von ihrem Zentralkern „befreit" würden?

Es gäbe kein Atom mehr.

Was würde aus dem Menschen, wenn alle seine
physischen und geistigen Kräfte nicht mehr in
den Armen des „Ich" harmonisch vereinigt
wären?

Es gäbe keinen Menschen mehr.

- Der atomisierte Mensch ist derjenige, dessen Sinnlichkeit erregt ist; dessen Gefühlsamkeit, Empfindsamkeit, Einbildungskraft in Verwirrung sind; dessen ge-
samte Fähigkeiten undiszipliniert sind, unkontrolliert
handeln und jede für sich außerhalb der Gesetze des
Geistes und des Ideals ihren Weideplatz suchen. Das ist

im eigentlichen Sinn die Zersplitterung und die Zerstreuung dessen, was das tiefste Wesen des Menschen ausmacht. Der Mensch existiert nicht mehr.

Mensch werden heißt, alle seine Kräfte wieder aufnehmen, sie neu ordnen, sie entsprechend ihrem richtigen Wert dem Geist unterwerfen.

- Wenn du dich gesund aufbauen willst, genügt es nicht, daß du die richtige Wertordnung für die verschiedenen Grundstoffe hast, die dich zusammensetzen (7), sondern du mußt sie auch in der Spitze einheitlich zusammenfassen, indem du sie an ein und dasselbe „Ich" bindest.

- Es ist leicht, ein altes und müdes Pferd zu zügeln.
   Es ist schwer, ein junges und feuriges Pferd im Zaum zu halten.
   Noch schwieriger ist es, ein Gespann mit sechs Rassepferden zu beherrschen und zu lenken.
   ... Wenn du es aber beherrschst, dann wird dich das Gespann schneller und weiter bringen.
Es ist nicht leicht, den modernen Menschen auszugleichen und zu einer Einheit zu machen. Seine niederen Fähigkeiten, die oft besonders stark entwickelt und Opfer der äußeren Reize sind, lassen sich durch die innere Energie schwer meistern; aber heute wird noch mehr als früher derjenige, der seine Einheit verwirklicht, wirksam und mächtig.

- Wenn du dich *ganz und gar* in Aktion setzen willst;
   wenn du dich *ganz* verschenken willst;

7. Vgl. Der aufrechte Mensch. — Seite 23.

wenn du *voll* einsatzfähig sein willst;

wenn du aus deinem *ganzen* Herzen lieben willst;

wenn du mit *allen* deinen Kräften beten willst,

dann beherrsche vollkommen deinen Leib, dein Herz, deinen Geist und ihre überschäumende Vitalität; beherrsche dich, dann wirst du sagen können: *ich* handle, *ich* verschenke mich, *ich* bin einsatzfähig, *ich* liebe, *ich* bete.

- Intensiv leben heißt, alle seine Kräfte neu gesammelt, zu einer Einheit zusammengefaßt, personalisiert haben und sie alle miteinander im gegenwärtigen Augenblick einsetzen (8).

- Wer in sich eine starke Synthese seiner Person verwirklicht hat, findet Ruhe und Frieden.

Wenn du Harmonie um dich verbreiten willst, schaffe in dir selbst Harmonie.

- Würde der Radfahrer, der das Ziel seiner Fahrt nicht kennt, mit solchem Eifer die Pedale treten?

Wäre das Haus gebaut worden, wenn die Maurer keinen Plan davon besessen hätten?

Wie willst du dein tiefstes Wesen harmonisieren und zu einer Einheit zusammenfassen, wenn du nicht weißt, warum und wie?

Du mußt in deinem Kopf und in deinem Herzen einen großen Plan haben, der die ganze Tiefe deines Lebens ausschöpft und einheitlich macht.

- Dein Ziel und dein Plan ist für dich ein lebendiger Mensch: Jesus Christus. Nur in Ihm und durch Ihn,

---

8. Vgl. Sich konzentrieren können. — Seite 134.

der den Menschen und die Welt wieder in Einklang gebracht hat, wirst du deine Einheit aufbauen.

- Die Sünde hat den Menschen aus dem Gleichgewicht gebracht. Die Erlösung allein, die sich in seinem Wesenskern vollzieht, kann ihm das Gleichgewicht wiedergeben und ihn retten.

Nimm den Erlöser in deine Seele auf, und durch deine von Gott bewohnte Seele wird die göttliche Liebe deine Fähigkeiten vereinigen und deinem tiefsten Wesen Gestalt geben. In Ihm wirst du dann nicht nur der aufrechte Mensch sein, nicht nur der einheitliche und personalisierte Mensch, sondern der *vergöttlichte Mensch.*

- „Ich habe meiner Seele Frieden und Ruhe geschenkt; wie das Kindlein an der Brust seiner Mutter, so ruht meine Seele in mir" (9).

9. Ps 130.

NICHT „VERDRÄNGEN",
SONDERN „SUBLIMIEREN"

Nach einem Gebot des Herrn müssen wir „aus unserem
ganzen Herzen" und „mit allen unseren Kräften" lieben. So
darf keine von unseren inneren Fähigkeiten geringgeachtet
und noch weniger unterdrückt werden. Um sie aber dienstbar zu machen, müssen sie erkannt, angenommen und ge-
lenkt werden.

Unseren Zeitgenossen fällt es besonders schwer, ihr Empfindungsvermögen normal zu ertragen. Entweder rächt es
sich, weil es betrogen wurde, indem es Unordnung schafft,
oder es stört die Urteilsfähigkeit und das Handeln, weil es
außer sich geraten und unkontrolliert ist.

Der Wille, dem man anscheinend eine zu ausschließliche
Macht zugeschrieben hat, vermag nichts ohne den Verstand
und vor allem ohne tiefe Übereinstimmung mit dem Empfinden.

Kurz: nur wenn in Christus alle Fähigkeiten in vollkommene Übereinstimmung gebracht werden, kann sich der
Mensch ins Gleichgewicht bringen und ein gesundes und
echtes geistiges Leben führen.

- Allen Stufen deines Seins (10) entsprechen Lebenskräfte. Keine von ihnen ist schlecht. Du darfst sie nicht
unterdrücken. Aber alle sind durch die Sünde verwundet,
du darfst sie nicht sich selbst überlassen.

- Wenn sich das Haustier in der Wildnis verliert,
nimmt es wieder den Zustand der Wildheit an.

10. Vgl. Der aufrechte Mensch. — Seite 23.

Wenn du deine Kräfte ihrer eigenen Initiative überläßt, werden sie dich „in den Zustand der Wildheit"
führen.

- Das Wasser wird zu einer mächtigen Kraftquelle,
wenn es durch einen Damm aufgestaut wird.
Es wird zur lebenspendenden Kraft, wenn es durch
Kanäle verteilt wird.
Alle deine Lebenskräfte können, wenn sie durch
deinen Geist zusammengefaßt und geleitet sind, in den
Dienst deines Ideals und Glaubens gestellt werden.

- Wenn du meinst, daß der Baum zu hoch wird, und
wenn du ihn scharf beschneidest, werden die unteren
Äste einen Kraftzuwachs erhalten und werden über-
wuchern.
Wenn du dich „oben" verstümmelst, werden deine
unteren Kräfte sich stärker entwickeln.

- Du mußt die Richtung wählen, in der du dich entwickeln willst: nach oben hin oder nach unten.

 - Wenn du den Alleinigen Gott zurückweist,
 wirst du Götzenbilder anbeten.
 Wenn du in dir nicht den Geist pflegst, wirst
 du nur aus Gefühlen leben.
 Wenn du dich jedem Gefühl verschließt, wirst
 du den Instinkten ausgeliefert sein.

 - Opfere dich nicht: um hart zu werden;
  um deinen Willen zu schmieden;
  um „jemand zu werden",
denn der Stolz wird schnell deine guten Absichten aus-

42

spannen, und deine betrogenen Kräfte werden nach einem niedrigeren Ersatz suchen.

- Manche tugendhaften Haltungen sind nur Verdrängungen; es wäre manchmal besser, weniger auf äußere Korrektheit und mehr auf innere Reinheit zu schauen.

- Begnüge dich nicht damit, den wilden Baum zu beschneiden, veredle ihn, damit er Frucht bringe.
Begnüge dich nicht mit der „Selbstverleugnung"; „sublimiere" deine Kräfte, um in dir den Menschen und Christen zu entfalten.

- Wenn du dich verleugnest, dann aus Liebe.
Wenn du dich opferst, dann um deiner Brüder und deines Gottes willen.
Wenn du dir abstirbst, dann, um in Christus zu leben.
Der Tod gewinnt seinen Wert nur aus der Auferstehung.

- Unter deinen Kräften beunruhigt dich die Empfindsamkeit (11). Behandle sie nicht geringschätzig, sie stellt einen außerordentlichen Reichtum dar; sie läßt dich:
ergriffen sein durch ein schönes Schauspiel oder durch das Leiden des Mitmenschen;
ein Kunstwerk oder das frohe Erleben eines

11. „Das Empfindungsvermögen bewirkt ein Feingefühl des Körpers, das ihm erlaubt, durch die zartesten und feinsten äußeren Akte erregt zu werden ... und sich manchmal von einer Art Unruhe durchdringen zu lassen, über die das Bewußtsein keine Macht mehr hat." (Louis Lavelle, „L'erreur de Narcisse", S. 89.)

Freundes erregt miterleben;
leicht Kontakt finden mit den anderen und Ver-
hältnisse und Personen genau verstehen;
die starken Appelle zur Hingabe in spürbarer
Zuneigung erkennen.
Aber deine Empfindsamkeit und dein Verstand müssen zwei Freunde sein, die gemeinsam ihren Weg gehen,
um sich wechselseitig die Tiefe und die Geradheit zu
schenken, die ihnen fehlen würden, wenn sie allein am
Werke wären.

- Wenn du jedesmal, wenn dein Hund bellt, wild auf
ihn einschlägst, wird er bei deinem Anblick schnellstens
seine Hütte aufsuchen.
Wenn deine Empfindsamkeit andauernd zurückge-
staut wird, wird sie in dich zurückkriechen und du wirst
sie nur schwer wieder herausbringen.

- Wenn man ein Kind hart und ungerecht behandelt,
wird es lügnerisch, verschlossen und diebisch. Es macht
seine „Streiche im Dunkeln".
Nimm dich in acht mit deiner Empfindsamkeit; wenn
du sie grob behandelst, wird sie sich verkriechen,
jedoch nicht auf das Tätigsein verzichten.

- Wenn dein Empfinden zu einem heimlichen Kampf
verurteilt ist, wird es entweder:
den Verstand auslöschen und ihn hindern, gesund
zu urteilen (12), oder
es wird seine Dienste einer bösen Neigung deines
Charakters anbieten (der Besserwisserei, dem

12. Vgl. Der aufrechte Mensch. — Seite 23.

Machtwillen, der Gewalttätigkeit, der Sinnlichkeit...), um sie stärker zu machen, und
eines Tages wird ein unerwartetes Drama zum
Ausbruch kommen.

- Aus Angst vor der Gefahr schließt das Kind die
Augen. Es ist einen Moment beruhigt, jedoch die
Gefahr bleibt.
Wenn du das, was du empfunden hast, nicht zur
Kenntnis nehmen willst, weil du davor erschrocken
warst, dann hebst du deine Gefühle nicht auf, sondern
du „verdrängst" sie.

- Die Wunde, die man aus Großtuerei oder aus fal-
scher Scham verdeckt, ohne sie behandeln zu wollen,
wird schlimmer und infiziert sich. Man muß sie unter-
suchen und behandeln.
Wenn du in diesem Empfinden durch einen Tadel,
durch Mangel an Zartgefühl, durch eine Treulosigkeit,
durch eine Schlappe ... „verletzt" worden bist ...
      brauchst du dich deiner Erregung nicht zu
      schämen.
      Spiele nicht „den Starken", indem du sie ver-
      leugnest, sie ist keine Schwäche;
      geh nicht darüber hinweg, indem du sie gering-
      achtest, sie ist nicht ohne Bedeutung.
      Entblöße freimütig die Wunde, suche nach ihrer
      Ursache; dann wirst du dich richtig behandeln
      können.

- Alles, was du „empfunden" hast — Freude oder
Leid —, ist in dir. Dein Verstand muß das ehrlich zur
Kenntnis nehmen, du mußt es gelten lassen, denn nur

unter dieser Bedingung wirst du dann das, was zurück-
gewiesen werden muß, zurückweisen können.

- Solange der Fluß nicht in sein Bett zurückkehrt,
ist es unmöglich, das überschwemmte Land zu bebauen.
Wenn deine Empfindsamkeit alles an sich reißt, wird
sie deine Überlegung, deine Urteilskraft und deine
ganze Lebensführung hemmen, solange du sie nicht
„auf ihren Platz verwiesen hast".

- Die Fußballspieler wiederholen beim Training gewisse Phasen des verflossenen Spieles, um sie zu kritisieren.
Der aufmerksame Erzieher redet mit seinem Schüler,
um ihn zu formen, über sein Verhalten in bestimmten
Lebensumständen.
Wenn du dein Empfinden bilden willst, mußt du den
Platz, den es in deinem Leben einnimmt, genau betrachten und dich bemühen, ihm seinen richtigen Platz
wiederzugeben.

- Du wurdest durch ein Ereignis oder einen Menschen bewegt oder gar außer Fassung gebracht. Halt
ein und

> betrachte *objektiv* das Geschehnis, das dich be-
> rührt, und deine erste Reaktion, indem du den
> Anteil des Verstandes und des Empfindens in
> dieser Reaktion hervortreten läßt;
> *nimm* dieses Geschehnis und diese Reaktion auf-
> richtig *an;*
> und schließlich, *beurteile und entscheide* aus deinem
> Ideal und deinem Glauben heraus die Haltung,
> die du einnehmen mußt (13).

- Begnüge dich nicht, dein Leben zur Kenntnis zu nehmen und die Schwankungen deines Empfindens anzunehmen. Bringe alles Gott dar, die Freuden und Leiden, und sogar die Sünden. So wirst du nicht zerstören, sondern entfalten, und du wirst zunehmend dein ganzes Leben auf Gott verlagern (14).

- Das wahre geistige Leben besteht nicht darin, daß die Empfindsamkeit fehlt, sondern daß sie in ihm ganz und gar durch den Verstand geordnet und durch die Gnade gereinigt ist, so daß sie kein Hindernis mehr bildet für die Begegnung mit Gott.

- Christus ist nicht gekommen, um deine Kräfte zu zerstören, Er ist gekommen, um sie in Einklang zu bringen und sie zu vergöttlichen.

- „Aus deinem ganzen Herzen, mit allen deinen Kräften und aus deinem ganzen Wesen" mußt du deine Brüder und deinen Gott lieben, aber aus deinem ganzen vergöttlichten Wesen.

- „Ergötze dich am Herrn und Er wird, was dein Herz erfleht, dir geben" (15).

13. Wenn es möglich ist, soll man diese „Übung" zwei- oder dreimal in der Woche schriftlich machen.
14. „Das Erstaunlichste am Empfindungsvermögen ist, daß es etwas Endgültiges zu sein scheint, in dem die Seele sich ausruht: statt daß es eine Erschütterung ist, *dazu bestimmt, einen Akt der Seele hervorzurufen* ..." (Lavelle, a. a. O., S. 91.)
15. Ps 36.

Gewisse Menschen schätzen die Frau noch immer gering ein. Manche Frauen bedauern ihre Weiblichkeit und beanspruchen eine „Emanzipation", die aber nur eine künstliche Angleichung an das ist, was sie für die Privilegien des Mannes halten. Nun sind zwar Mann und Frau völlig gleich an Würde, aber sie sind verschieden und ergänzen sich gegenseitig.

Es ist eine Tatsache, daß die moderne Welt eine „männliche" Welt ist. Die Frau spielt darin nicht die Rolle, die sie spielen sollte. Sie muß daher einerseits ihre Eigentümlichkeit durch eine Entfaltung ihrer Weiblichkeit wiederfinden, denn ohne diese kann sie sich nicht vollenden und ihre Aufgabe dem Mann gegenüber erfüllen; anderseits muß sie beim Aufbau der Welt ihren Platz einnehmen. Angesichts des fordernden und rücksichtslosen Übergewichts der Materie ist es ihre Aufgabe, daß sie sich wieder verantwortlich weiß als Zeugin und Mutter des Menschlichen.

Für einen Christen besteht *absolute Gleichheit an Würde* zwischen Mann und Frau:

> beide sind Geschöpfe Gottes;
> beide sind losgekauft durch Jesus Christus;
> beide sind Kinder Gottes;
> beide sind zu demselben übernatürlichen Ziel berufen.

- Der heilige Paulus sagt uns: „...jetzt gilt nicht

48

mehr Jude und Grieche, Sklave und Freier, Mann und Weib: *ihr alle seid ja Einer in Christus Jesus*" (16).

- Du kannst nicht ohne jede Unterscheidung verkünden: Die Frau gehört ins Heim, der Mann ins öffentliche Leben; denn Gott sagte zum Mann und zur Frau: „Erfüllet die Erde und beherrschet sie" (17). Der Schöpfer hat dem *Menschenpaar* die Pflicht auferlegt, die Erde zu bevölkern und die Schöpfung zu vollenden. Daher kann die Frau auf keinem Gebiet von irgendeiner menschlichen Tätigkeit ausgeschlossen werden.

- Du kannst nicht ohne jede Unterscheidung erklären: Mann und Frau sind gleich, sie müssen unterschiedslos dieselben Aufgaben übernehmen; denn zur Frau sagte Gott: „Du wirst mit Schmerzen *Kinder gebären*." Zum Mann: „Im Schweiße deines Angesichtes sollst du *dein Brot verdienen*."
Mann und Frau haben dieselbe Würde,
 dieselbe Aufgabe,
 dieselbe übernatürliche Bestimmung;
aber ihre Funktionen sind verschieden und ergänzen sich gegenseitig.
 - Die Frau ist mehr auf die Menschheit ausgerichtet, damit sie zunehme;
 der Mann auf das Universum, damit er es aufbaue.
 Die Frau hat ihren Ort mehr innerhalb der Gemeinschaft;
 der Mann mehr im Raum des Staates:

16. Gal 3, 28.
17. Genesis.

So entspricht es ihrer verschiedenen physischen und psychischen Struktur, gemäß der Absicht, die Gott mit ihnen hatte.

- Was nützt der Samen, wenn kein Erdreich da ist, um ihn aufzunehmen?
Was nützt der Mann, wenn keine Frau da ist, um ihn zu empfangen?
Was nützt die Frau, wenn kein Mann da ist, um sie zu befruchten?

- Der Mann braucht die Frau, um sich zu vervollkommnen; möge sie immer mehr Frau werden und bleiben.
Die Frau braucht den Mann, um sich zu vollenden; möge er immer mehr Mann werden und sein.

- Das „vermännlichte" Mädchen und der „verweiblichte" Knabe verfälschen die Beziehungen der jungen Menschen; sie bringen das Familienleben aus dem Gleichgewicht und manchmal sogar zum Scheitern; sie setzen den gesunden Aufbau der Welt aufs Spiel.

- Die moderne Frau, die sich „entschleiert", gibt sich preis, liefert sich aus und zeigt ihren Verfall an, weil sie ihr Wesen aufgibt.
Wenn die Frau ihre Aufgabe erfüllen will, muß sie für den Mann ein „Geheimnis" sein.

- Frau, wenn du dem Mann nur einen Leib schenkst, wirst du ihn nicht vollkommen zufriedenstellen, wirst du nicht geliebt werden können. Denn das Verlangen, das der Mann nach deinem Leib hat, ist sichtbares Zeichen des Verlangens, das er nach deiner Seele hat.

Wenn du deine Seele schenkst, wirst du den Mann entfalten und du wirst zur echten Liebe gelangen. Aber der Mann verlangt mehr. Er verlangt danach, durch dich die Bestätigung der menschlichen Ohnmacht, „ich kann dir nicht *alles* schenken", kennenzulernen; denn über deinen Leib und über deine Seele hinaus verlangt der Mann nach dem Unendlichen Gottes.

In Christus und durch Christus allein kann die Frau endgültig ihre Aufgabe erfüllen, dem Mann und der Welt *alles* zu schenken.

- Unter dieser oder jener Form muß die Frau sich immer mit dem Manne vermählen.
    Beide können nicht zur Vollendung kommen,
    das Leben kann nicht erblühen
ohne die Einigung und die Zusammenarbeit beider in der Familie, in der Gesellschaft, in der Kirche.

- Physisch oder geistig muß die Frau immer das Leben schenken. Ihre Aufgabe besteht in der Mutterschaft.

- Die Jungfräulichkeit stellt keine Beschränkung dar; denn die Fruchtbarkeit des Geistes ist größer als die Fruchtbarkeit des Fleisches.

- Geistig gesehen, muß die Frau immer jungfräulich sein, indem sie nichts für sich besitzt und nichts für sich zurückhält, sondern reine Gastfreundschaft und ganz Hingabe des Lebens ist.

- Das Kind, das ohne eines seiner Eltern aufwächst,

ist unheilbar versehrt; aber es leidet mehr, wenn es keine Mutter mehr hat, als wenn der Vater fehlt.

Die moderne Welt wurde ohne die Frau aufgebaut. Sie hat daran gelitten, daß die Mutter gefehlt hat.

- Der Jüngling entdeckt, daß er „jemand" ist, unabhängig von den anderen.

    Der Erwachsene, daß er jemand ist inmitten der anderen.

    Die Frau muß, nachdem sie entdeckt hat, daß sie für den Mann etwas bedeutet, darauf kommen, daß sie für die Welt etwas bedeutet. So gelangt sie zu ihrer Reife, das ist ihre „Emanzipation".

- Was die Frau für den Mann beim Aufbau des Heimes ist,

    das muß sie für die Gesellschaft beim Aufbau der Welt sein.

- Die Frau ist ganz Aufnahme: sie nimmt den Mann auf, sie nimmt das Kind auf, sie nimmt ins Heim auf.

Sie muß in der Welt die sein, die sich um die Männer sorgt, die auf die Männer achtgibt, die über die hungrigen Leiber hinaus ihr tiefes Sehnen vernimmt.

- Die Frau ist für das Opfer und die Erlösung geschaffen. Sie opfert sich dem Manne, sie opfert sich dem Kind, und ihre Liebe ist zu jedem Opfer bereit, um den, der verlorengeht, loszukaufen und zu retten.

Sie muß in der Welt der materiellen Wirksamkeit, aber auch der Ungerechtigkeit und Grausamkeit, Zeuge sein für die Macht des Opfers und der erlösenden Liebe.

- Die Frau ist geschaffen, um das Leben zu „tragen" und zu schenken. Sie trägt das Geschenk des Mannes, sie trägt das Kind, und sie findet ihre volle Erfüllung nur in der Mutterschaft.

Sie muß in der heutigen Welt, in der die allmächtige Materie herrscht, „das Menschliche" tragen und gebären.

- Die Frau ist für den stolzen Mann die unablässige Erinnerung an sein Unvollendetsein,

für den egoistischen Mann der dauernde Aufruf, über sich hinauszugehen.

Sie muß die Welt erinnern, daß sie widernatürlich wird, wenn sie die menschliche Seele verachtet, und daß selbst der Geist sie nicht vollenden kann, wenn sie das Göttliche nicht annimmt.

- Der Mann muß sich *vertraut* machen mit den Gedanken der Frau, mit ihren Intuitionen, mit ihrer Sanftheit, mit ihrer Anmut, mit ihrem Gespür für Menschen, mit ihrem Sinn für Einzelheiten, mit ihrer Anpassungsfähigkeit usw.,

damit den menschlichen Organisationen, Gesetzen und Bestimmungen *das Leben eingehaucht werde,*

und damit eine Welt „*entstehe*", in der die Menschen sich entfalten und ihre übernatürliche Bestimmung erfüllen können.

- Die Emanzipation der Frau besteht darin,

daß sie sich ihrer Verantwortlichkeit beim Aufbau der Welt bewußt wird;

daß sie bereit ist, dabeizusein und die ihr gemäße Rolle zu spielen, auf allen Gebieten, den wirtschaftlichen, den politischen, den sozialen, angefangen von der kleinsten Zelle bis zu den größten Gemeinschaften.

So wird die Welt erfolgreich gebaut werden, und das ist die ehrenvolle Aufgabe, die Gott im Anfang dem *Menschenpaar* anvertraut hat.

Viele Ehelose meinen trotz einer bemerkenswert hohen Bildungsstufe immer noch, daß sie ihr Leben verfehlt haben (18). Manche verbergen nur schwer ihren Ärger darüber, und obgleich sie es nicht eigentlich wollen, suchen sie sich an den Mitmenschen und am Leben zu rächen. Andere machen sich ein um jeden Preis angenehmes Dasein zurecht und suchen Vergnügungen, die dem Maß ihres Hungers entsprechen. Wieder andere haben es aufgegeben. Sie „finden sich ab" und stellen sich keine Probleme mehr. Sie erfüllen gewissenhaft ihre Berufspflicht, und wenn sie Christen sind, suchen sie in der Beobachtung der moralischen und religiösen Vorschriften eine beruhigende Sicherheit oder in einem blutleeren Mystizismus einen Ausgleich für ihre Gefühle.

Man muß die Enttäuschung, die Empörung, den Kampf und das Leiden der einen wie der anderen begreifen und ihnen feinfühlig zu verstehen geben, wie sehr sie sich irren. Die Ehelosigkeit ist kein Versagen; sie ist eine Einladung, sich voll zu verwirklichen, allerdings auf einem anderen Gebiet als auf dem der Familie. Nur der Egoist ist unfruchtbar.

- Du bist auf deinem Weg nie „der verwandten Seele" begegnet.

Peter hat dich geliebt; seine Eltern haben — aus

18. In diesem Kapitel handelt es sich nicht um eine von Anfang an freiwillig gewählte Ehelosigkeit oder um die Ehelosigkeit der Gottgeweihten. Das erste ist sehr selten, und das letztere bedarf einer eigenen Überlegung.

finanziellen Gründen — eure Beziehungen verhindert.

Hans hast du abgewiesen; er stellte in deinen Augen nicht den „vollkommenen" Mann dar, den du dir erträumtest.

Paul ist im Krieg gefallen.

Weil du durch familiäre Verpflichtungen oder durch ein mehr oder weniger richtig verstandenes Aufgehen in „frommen Werken" in Anspruch genommen wurdest, bist du übriggeblieben.

. . . .

Mit dem Ablauf der Jahre wird deine Einsamkeit schwerer.

Du siehst, wie sich die Ehegatten umarmen.

Du siehst die Kinder deiner Freunde...

und du leidest an Leib und Seele.

- Wer bist du?

Für deine Eltern bist du, wenn du mit ihnen lebst, ein Kind:

> „Hast du die Türe geschlossen?"

> „Dein Licht ist noch nicht abgedreht."

> „Du hast Post, es ist ein Brief irgendeiner Freundin."

> „Aber wie hast du denn deine Haare gemacht!"

Für deine Umgebung bist du ein „ältliches Mädchen":

> „Schade, sie ist nicht untergekommen."

Für dich bist du allzuoft ein Versager.

- Es stimmt, daß der einsame Mensch in einer gewissen Weise unvollendet ist: „Es ist nicht gut für den Menschen, daß er allein sei" (19).

19. Erstes Kapitel der Genesis. Vgl. Jungsein heißt, sich auf die Liebe vorbereiten. — Seite 65.

Weil jeder Mensch nach dem Bilde Gottes geschaffen ist, ist er zur Gemeinschaft und zur Einheit mit einer oder mit mehreren anderen Personen berufen. Er ist berufen, in der Liebe schöpferisch zu sein.

Jeder Mensch muß „sich vermählen".

Jeder Mensch muß „zeugen",

aber es gibt mehrere Ebenen zur Verwirklichung dieser Gemeinschaft und dieser Vaterschaft.

- Es gibt andere Vereinigungen als die physische Vereinigung eines Mannes und einer Frau in der Ehe: „Sie werden nur mehr ein Fleisch sein" (20):

  die geistige Vereinigung mit allen Menschen; sie kommt aus einem freundschaftlichen und einsatzbereiten Herzen;

  die übernatürliche Vereinigung mit der ganzen Menschheit in Christus; sie entsteht aus der vergöttlichten Liebe, aus der Liebe zu allen.

- Es gibt eine andere Fruchtbarkeit als die physische Fruchtbarkeit; es gibt die geistige Fruchtbarkeit.

Es gibt eine andere Fruchtbarkeit als die geistige Fruchtbarkeit; es gibt die übernatürliche Fruchtbarkeit in Christus.

- Du hast dein Leben nicht „verfehlt", weil du, ehelos, deine Vereinigung und deine Fruchtbarkeit auf höheren Ebenen verwirklichen mußt. Du bist zu einem Gleichgewicht und zu einer Entfaltung aufgerufen, die zwar schwieriger, aber tiefer und fruchtbarer sind.

- Die Berufung eines jeden ist für ihn die beste und

20. Erstes Kapitel der Genesis.

die schönste; an sich aber ist die offen bejahte Jungfräulichkeit und mehr noch die gelobte Jungfräulichkeit ein höherer Lebensstand als die Ehe (21); denn der Leib setzt dem Menschen eine Grenze, und nur der Geist öffnet ihm das Unendliche.

- Nur der ist unfruchtbar, der ohne Liebe lebt. Die Liebe ist immer Träger und Schöpfer des Lebens.

- Welches auch immer dein Lebensstand ist,
liebe und du wirst Leben schenken!

- Kein Leben kann völlig entfaltet werden, wenn es nicht voll bejaht wird.
Jede Berufung ist eine bewußte und freie Antwort auf ein Angebot Gottes.

- Du hast deine Ehelosigkeit nicht gewählt, die Ereignisse haben sie dir aufgezwungen.
Solange du sie nur gezwungen auf dich nimmst, wirst du sie nicht leben.
Wenn du die Freude des Aufblühens und der Fruchtbarkeit kennenlernen willst, mußt du die Ehelosigkeit bejahen, indem du dich frei zu ihr bekennst.

- Was dich so lange leiden läßt, ist die Unsicherheit darüber, wo eigentlich deine Berufung liegt. Darf ich eine Familie erhoffen? Muß ich ein eheloses Leben aufbauen?
Kein Leben ist von vornherein fixiert. Erst die Gaben eines jeden, die von Gott zugelassenen Geschehnisse weisen die Richtung.

21. Vgl. 1 Kor 7, 27 und 33—34. 37—38.

- Gerade im Dunkel des Lebens muß man die Liebesbriefe Gottes entziffern. Wer am reinsten ist, liest schneller; wer am wenigsten gebunden ist, macht die geringsten Fehler beim Lesen und in der Anwendung.

Lebe dein gegenwärtiges Leben und sei für alles bereit.

- Junge Menschen müssen nicht unbedingt heiraten, weil sie aneinander Gefallen finden. Die sinnliche Liebe ist ein Zeichen, das allein nicht bestimmend ist.

Du bist nicht unbedingt für die Ehe bestimmt, weil du heftig nach der Ehe verlangst; das Begehren ist nur ein Element unter anderen bei der Berufung eines jeden.

- Mißtraue deiner Einbildung. Im Traum läßt sich leicht eine Familie gründen; im Traum sind Kinder leicht zu erziehen.

Dein Verzicht erscheint dir übermenschlich, denn dann mußt du deine Träume aufgeben; nun, die Wirklichkeit dürfte deinem Traum ganz sicher widersprechen.

- Über eine beruhigende Wahrscheinlichkeit hinaus kennt kein Mensch seine wahre Fruchtbarkeit.

- Du mußt auf dein Erwachsensein nicht verzichten, weil du ehelos bist. Erwachsensein heißt innerlich selbständig sein.

Du darfst nicht Sklave einer falsch verstandenen Pflicht werden und hast kein Recht, dein Dasein in den Lebensrhythmus bejahrter Eltern hineinzuzwingen.

- Zweige müssen abgetrennt und Bande zerschnitten werden.

Du hast Angst, dich ins Unbekannte zu stürzen.

Du fürchtest, Leid zuzufügen.

Du schreckst vor den Mißverständnissen, den Tränen, den strengen Urteilen zurück, und unter dem Vorwand der Kindesliebe und der Aufopferung verdeckst du deine Schwäche, lähmst du deine Entwicklung und betrügst du deine Eltern um eine Reife, auf die sie ein Anrecht haben. Trotz allem Anschein hältst du sie auf.

Du liebst deine Eltern nicht genug (22).

– Die Menschen zeugen und erziehen die Kinder nicht für sich, sondern für die anderen und für Gott (welchen Lebensstand immer sie haben mögen).

Solange sie ihre Kinder nicht völlig hergegeben haben, haben sie ihre Sendung nicht erfüllt.

Wenn sie die Kinder auch nur ein wenig den anderen streitig machen (Ehegatten, Kindern, Beruf, Verpflichtung ... Menschheit, Gott), handeln sie falsch.

Sie lieben dann ihre Kinder nicht genug.

– Du wirst deinen Eltern gegenüber nur schwer zu einer wirklichen Selbständigkeit gelangen, wenn du dir nicht nach außen eine relative Unabhängigkeit erwirbst.

22. Seine Unabhängigkeit erwerben, seine Eltern als ein reifer Mensch und nicht wie ein kleines Kind lieben, den Seinen helfen, ihr Kind als eine völlig selbständige Person anzuerkennen heißt keineswegs seine Eltern im Stich lassen.

Man muß sie materiell unterstützen, sie verwöhnen, sie pflegen, wenn es notwendig ist, aber man muß dabei seine volle innere Freiheit als reifer Mensch gewinnen und bewahren.

All das gilt in gleicher Weise für die verheirateten Kinder, aber man wird verstehen, daß es für die Unverheirateten, vor allem für die, die bei ihren Eltern wohnen, schwieriger ist, zu dieser Reife zu gelangen.

Wenn du es kannst, nimm dir eine eigene Wohnung, und wenn es nur eine Mansarde wäre (23); tue zumindest alles, um dein eigenes Zimmer zu besitzen, und gehe nie darauf ein, das Bett mit einer verwitweten Mutter zu teilen.

- Hättest du deine Ehelosigkeit echt bejaht, lebtest du in äußeren Voraussetzungen, die dein menschliches Gleichgewicht erleichtern, so hättest du noch nichts getan für deine volle Entfaltung und für die Fruchtbarkeit deines Lebens,

    wenn du eingeschlossen bleibst in deinem elfenbeinernen Turm,

    wenn du dich im Leben „einrichtest",

    wenn du dich weigerst, dich in der Welt für den Dienst an deinen Brüdern einzusetzen.

- Damit deine Ehelosigkeit fruchtbringend sei, ist es nötig, alle deine Kräfte zu sublimieren. Sublimieren will aber nicht heißen,

    sich in den Traum flüchten,

    in den Idealismus ausweichen,

    offenkundigen oder verborgenen Ersatz suchen, sondern heißt im Gegenteil, seine Kräfte klar bejahen, selbst wenn ihre Vitalität manchmal beunruhigend ist; es heißt, die Kräfte einordnen, sie konzentrieren und sie bewußt, mit dem Blick „nach oben", auf eine höhere Entfaltung ausrichten.

23. Es ist ein schwerer Irrtum, wenn man meint, daß das ehelose Mädchen notwendig bei seinen Eltern bleiben müsse. Viele Mädchen haben auf diese Weise ihre Entfaltung ernstlich unfruchtbar gemacht.

- Die Ehelosigkeit verhärtet nicht deine affektiven Fähigkeiten, sondern sie fordert, daß sie ins Unendliche wachsen, indem sie das Herz bis an die Grenzen der Welt ausweiten.

- Pflege nicht bloß mit einer einzigen Freundin Umgang; dein Herz würde dabei verarmen.

Komme nicht einzig mit Ehelosen zusammen; du würdest deine Entfaltung begrenzen.

Besuche nicht nur eine Familie allein; das könnte gefährlich werden, denn „der Geist ist willig und das Fleisch ist schwach".

„Schwänzle" nicht um einen Priester herum; ihr tut einander nichts Gutes. Nimm dich dafür der anderen an und beginne bei den Allernächsten: der bejahrten Nachbarin, der arbeitslosen Witwe, den Verlobten ohne Wohnung, dem jungen Menschen, der auf der Suche nach sich selbst ist...

Öffne dich ganz weit für die Probleme der Welt,

verpflichte dich furchtlos zum konkreten Dienst an den Menschen in der Bezirksvertretung, in der Gewerkschaft, in der politischen Partei...

- Verbirg es dir nicht, es ist eine Pflicht für dich, daß du dein Leben mit dem Schicksal deiner Brüder vermählst.

Wenn du auf eine Familie verzichtest, soll das um des Dienstes an allen willen geschehen.

Dann

wirst du neues Selbstvertrauen gewinnen, wenn du an deinen Möglichkeiten gezweifelt hast;

wirst du stärker zu dir ja sagen, wenn du gehemmt gewesen bist;

werden der Kontakt und der Austausch — auch mit Personen des anderen Geschlechtes — dir zum Gleichgewicht verhelfen, wenn du an der Einsamkeit gelitten hast;

wird dein Glaube stark und reif werden, wenn du ihn hinsiechen ließest.

- Wenn du eine ehelose Frau bist, so braucht dich der Herr als Weib, das bereit ist, in einer unmenschlichen Welt Mutter des Menschlichen zu sein (24).

- Nimm nicht „Zuflucht" zu einer falsch verstandenen Frömmigkeit; deine Liebe zu Gott wäre nur eine Suche nach persönlicher Befriedigung (25).

Öffne dafür mit der gleichen Anstrengung deine Seele ganz weit für Gott und die Menschen, und wenn du dann ganz frei, ganz bereit und voller Frieden bist, wirst du die *Freude* dessen kennenlernen, der sich verschenkt.

- Laß dich mitten in Zerrissenheiten, die zu jedem Dasein gehören, durch den Geist leiten!

24. Vgl. Die Frau. — Seite 48.

25. Die Stütze durch eine geistige Gemeinschaft ist eine wünschenswerte Bereicherung für den, dessen Glaube in einem weltlichen Einsatz gelebt wird. Sie wird aber zu einer wirklichen Gefahr, wenn sie — vielleicht unbewußt — nur die Verteidigung eines einsamen Lebens wird, das man nicht mit wirksamer Sorge für die anderen auszustatten verstanden hat. Das Herz findet eine falsche Nahrung in der Berührung mit „verwandten Seelen" und Ersatz in der Stütze eines bewunderten Priesters. Man erbaut sich gegenseitig, man meint „sich" zu heiligen, aber wenn man sich von den Brüdern, die im Kampfe stehen, abschneidet, macht man seine echte Entwicklung unfruchtbar.

Wenn du dir deine Schwäche eingestehst,
   aufmerksam und arm bleibst,
   auf Seine Einladungen antwortest,
wird Er dir, mag kommen, was da will, den Weg zeigen.
   Wende dich nach einer langen Strecke des Weges um.
Überschau deinen Weg. Du wirst begreifen, warum
Gott dich besonders aufbewahrt hatte, und ohne Hintergedanken wirst du Ihm *Dank* sagen können.

Der Mensch ist bedeutungsvoll in allen Abschnitten seiner
Entwicklung; aber als junger Mensch — zu dem Zeitpunkt, in dem sein ganzes zur Entfaltung gekommenes
Wesen in der Nacht nach Erfüllung in der Gemeinschaft
verlangt — ist er nicht besonders anziehend und zugleich
verwundbar. Einer der wichtigsten Gesichtspunkte im
Drama der Jugend ist dieser Hunger nach Liebe, den der
junge Mensch noch nicht gültig und angemessen befriedigen kann.
Diese Not ist ein dringender Aufruf, sich vorzubereiten;
diese Erwartung ist die Zeit, die ihm angeboten ist, damit
er lieben lerne. Man muß sie jedoch den jungen Menschen
erklären, um ihren Weg zu erhellen, und vielleicht auch den
Erwachsenen, damit sie, statt die „Jugend von heute" streng
zu verurteilen, sie in brüderlicher Führung unterstützen.

- Bursche oder Mädchen, du bist nicht geschaffen,
um allein zu leben. Nach dem ewigen Ratschluß Gottes
müssen Mann und Frau einander begegnen und sich
verbinden, um EINS zu werden: „Es ist nicht gut, daß
der Mensch allein sei" (Erstes Kapitel der Genesis).

- Du bist zur Gemeinschaft mit allen anderen berufen, aber keine Gemeinschaft — nicht einmal die Freundschaft — erreicht die Tiefe der ehelichen Verbindung.

- Die Ehe ist die freiwillige Hingabe eines Menschen an einen anderen, wobei das *ganze* Sein des einen

sich dem anderen hingibt, um ihn zu vervollkommnen und zu entfalten, indem er alles vom anderen zurückempfängt. So ist die Liebe Geheimnis der Einheit.

- Wenn beide, Mann und Frau, sich in der Ehe verbinden, gleichen sie sich körperlich aus und entfalten sich, ergänzen sie sich seelisch, vollenden und vervollkommnen sich.

- *Die Selbsthingabe des einen an den anderen* ist in der Ehe so groß, *daß sie die Macht der Gnadenvermittlung hat.* Die Verlobten spenden sich durch ihr wechselseitiges „Ja" das Sakrament. Sie selbst sind die Spender, der Priester ist dabei Zeuge.

- Das Geschlecht überführt dich und unterscheidet dich in deinem Leib, aber auch in deinem Charakter, deiner seelischen Verfassung, deinem ganzen Sein. Der ganze Mensch in dir ruft also nach einer Ergänzung.

- Hunger haben und zu essen verlangen,
Durst haben und zu trinken verlangen ist nicht schlecht, aber du wirst schuldig,
      wenn du nur zu deiner Lust ißt und trinkst und nicht, um dich zu nähren und deinen Durst zu stillen,
      wenn du mehr ißt und trinkst, mehr als du brauchst, und unvernünftig, indem du stiehlst und es nicht durch deine Arbeit erwirbst.
Hunger haben mit deinem Leibe,
Hunger haben mit deinem Herzen ist nicht schlecht, aber du wirst schuldig,
      wenn du deine Lebenskraft und deine Kraft der

Zärtlichkeit zu deiner Lust und in der Unordnung außerhalb des Planes des Vaters gebrauchst.

- Du willst dich auf allen Stufen deines Seins vollenden: Leib, Herz, Geist.

Deine „Versuchungen" als junger Mensch sind *am Anfang* nur „Versuche" des Instinktes, um deine Einheit zu gestalten und dich zu vollenden.

- Das Kind, das zu gehen beginnt, sucht sich an allen Möbelstücken anzuhalten, die es findet.

Der verdurstende Mensch stürzt sich auf die Quelle.

Der unbefriedigte junge Mensch versucht leidenschaftlich, das *zu nehmen,* was ihm fehlt.

Von Natur aus kann seine erste Bewegung nicht die Hingabe sein; er muß sich lange bemühen, um *von der Geste des Nehmens zur Geste des Schenkens zu kommen.*

- Lieben heißt nicht, einen anderen ergreifen, um sich zu vervollständigen, sondern sich an einen anderen verschenken, um ihn zu vervollständigen.

Du wirst bereit sein, echt zu lieben, wenn dein Bedürfnis und vor allem dein Wille zu schenken stärker sind als dein Bedürfnis und dein Wille zu nehmen.

- Der Sportler, der nicht trainieren will und sich voreilig in den Wettkampf begibt, scheitert sehr schnell und wird „ausgepfiffen".

Der Maler, der Musiker..., der sein „Handwerk" nicht erlernen will, sondern sogleich schaffen möchte, verdammt sich zur Mittelmäßigkeit.

Der bedrängte junge Mensch, der sich auf die Liebe

nicht vorbereiten will, sondern schon zu lieben versucht, täuscht sich schwer, scheitert und setzt den Reichtum und die Festigkeit seiner künftigen Einheit aufs Spiel.

- Man muß sich acht Jahre auf die Matura vorbereiten, man braucht acht oder zehn Semester für ein Doktorat; warum soll man nicht zugeben, daß man lange braucht, um sich auf die Liebe vorzubereiten.

- Um schneller zu bauen,
       kannst du auf die Aushebung des Fundamentes
       für dein Haus verzichten,
       kannst du das Dach auf wenig hohe Mauern
       setzen,
       kannst du die feuchten Wände bemalen...
und du wirst deine Freunde verlachen, die noch lange brauchen, um ein gediegenes, großes und schönes Haus zu vollenden.

Aber die Feuchtigkeit wird sehr schnell in den Wänden deines niedrigen und kleinen Hauses emporsteigen, und der erste Sturm wird es ins Wanken bringen oder gar zerstören.

Wenn du — zu deiner Lust — mit frühreifer, rasch wechselnder und leichter Liebe dich abgibst, wirst du vielleicht die vorübergehende Täuschung einer gewissen Entfaltung erfahren — das ist das Dach auf deinen unvollendeten Mauern, der falsche Glanz der Malerei auf deinem Verputz —, aber du wirst dir ein schwankendes Heim errichten, das ohne Weite ist und sehr schnell seinen Glanz verliert.

- Die sinnlichen Leidenschaften des jungen Menschen sind nicht Liebe; sie sind die Verwirrung des Knaben, der dem weiblichen Geschlecht begegnet (und nicht einem bestimmten Mädchen), die Erregung des Mädchens, das dem männlichen Geschlecht begegnet (und nicht einem bestimmten jungen Mann). Darin zeigt sich eine geheimnisvolle Erschütterung des ganzen Wesens, das zunächst dunkel und dann immer klarer das entdeckt, was ihm zur Entfaltung fehlt. Wer aber auf diese tiefe Erregung eine eheliche Gemeinschaft baut, baut auf Sand (26).

- Der junge Mensch ist ein Kind, das fortschreitend aus den Händen Gottes durch Vermittlung seiner Eltern die Aufgabe und die Verantwortung seines Körpers, seines Herzens und seines Geistes empfängt.

An ihm ist es, sie zu entwickeln, sie zu meistern, sie „in die Hände zu nehmen" und dabei erwachsen zu werden. Dann wird er sich rechtmäßig einem anderen ganz hingeben können, um ihn zu vollenden und um ihn aufzunehmen.

- In ehelicher Gemeinschaft lieben heißt hergeben: seinen Geist, sein Herz, seinen Leib; heißt „sich verschenken".

Junger Mann, wenn du einem Mädchen sagst: ich liebe dich, täuschst du dich entweder, und das ist ein

26. Es ist sehr selten, daß eine solche blindlings verwirklichte Einheit die Grundbedingungen einer gesunden Harmonie erfüllt. Der schließlich zum Bewußtsein gekommene reife Mensch wird später nur schwer diese Einigung leisten können. Sehr oft sind verfehlte Ehen solche, die von physisch oder auf jeden Fall von seelisch zu jungen Menschen geschlossen wurden.

schwerer Fehler, oder du lügst, und das ist ein häß-
licher Mißbrauch des Vertrauens. Denn wenn du sagst:
ich liebe dich, sagst du: ich verschenke mich, und *um
dich zu verschenken, mußt du dich besitzen.* Besitzt du dich
schon?

- Es ist nicht schlecht, wenn sich Burschen und Mädchen begegnen.
Schlecht ist es, wenn man seine Zeit vertut, um mit
der Liebe zu spielen.

- Wenn die Tiefe eines Geistes dich bezaubert,
   wenn die Klarheit eines Gesichtes dich erhellt,
   wenn die Schönheit eines Leibes dich bewegt,
strecke deine Hand nicht zum Festhalten aus, sondern
benütze diese in dir freigewordene Kraft, um dich still
für die Hingabe und die Aufnahme vorzubereiten.

- Die Jugend deines Leibes und deines ganzen Wesens
*ist das Zeichen, das Gott dir gibt, um dich aufmerksam zu
machen, daß es Zeit ist,* die Verwirklichung deiner Einheit vorzubereiten.

- Dich in der Liebe einüben heißt nicht, allerlei
Versuche machen;
   es heißt, Achtung haben vor dir und allen anderen,
damit du fähig wirst, den Leib und die Person eines
anderen Menschen hochzuachten;
   es heißt, dein ganzes Wesen bereichern, damit du
einen anderen Menschen bereichern kannst;
   es heißt, „dich" besiegen, damit du „dich" einem
anderen Menschen schenken kannst;
   es heißt, dich vergessen, damit du einen anderen nicht

festhältst, sondern dich einem anderen hingibst;
   es heißt, dich den anderen öffnen,
      die anderen aufnehmen,
      die andcren verstehen,
      mit den anderen Austausch pflegen,
damit du einen anderen aufnehmen kannst;
   es heißt, dich mit Gott vereinigen, damit du dich in
Gott mit einem anderen vereinigen kannst.

- Junger Mensch, wenn du in deiner Liebe Erfolg
haben willst, beeile dich, lieben zu lernen, indem du
alle deine Menschenbrüder liebst.

Die immer größere Möglichkeit, in den Besitz materieller Güter zu kommen, wird für den modernen Menschen zum Drama. Er vergißt dabei das Sein und legt seinen ganzen Wert auf das Haben. Zwar ist diese Möglichkeit noch für viele begrenzt, aber gerade für sie auch, wenn sie nicht wachsam sind, Ursache für Wünsche, die sie völlig gefangennehmen, und sie verbindet sich im Herzen des Menschen mit seinem unersättlichen Durst nach Genuß. Verblendet und getäuscht, vergißt der Mensch, daß seine wahre Größe nicht in der Höhe seines Postamentes bestehen kann, sondern in der Tiefe seiner für Gott offenen Seele. Er wächst nicht mehr, und es ist noch ein Glücksfall, wenn er nicht eines Tages durch die Last seines vergänglichen Thrones endgültig vernichtet wird.

- Du willst immer mehr Größe und Macht gewinnen, und um das zu erreichen, mühst du dich dein ganzes Leben ab, du arbeitest, du kämpfst, um „Güter zu erwerben".

Wenn du ein Fahrrad hast, willst du ein Moped.

Wenn du ein Moped hast, willst du einen Roller.

Wenn der Roller gekauft ist, träumst du von einem Kleinwagen.

Im Kleinwagen trägst du dich mit dem Gedanken, dich für einen Volkswagen vormerken zu lassen.

Und das geht so hindurch durch alle materiellen Güter, nach denen das Bedürfnis immer stärker wird, je mehr du es befriedigst.

- Um in den Besitz der „Güter" zu kommen, brauchst
du Geld.

> Wenn du 800.— verdienst, meinst du, daß du
> nur mit mindestens 1000.— „auskommen"
> kannst.
>
> Wenn du 1000.— erreichst, sagst du, daß du
> 1200.— brauchen würdest, damit du das Aus-
> langen findest.
>
> ...und wenn du 10.000.— hättest, würdest du fin-
> den, daß dies „kaum genügt", um eine entsprechende
> Lebensweise zu führen und Vorsorge für die Zukunft
> zu treffen (27).

- Die moderne Welt ist dein Mitschuldiger. Für sie
gelten als große Menschen diejenigen, die einen enor-
men Reichtum gewonnen haben, die über eine große
Macht verfügen oder die den Ruhm der Schlagzeilen
erlangt haben. Für sie sind die politischen Systeme, die
Gesellschaften, die Unternehmungen, die Gehirne und
Arme um so respektabler, je stärker ihre „Produktion"
läuft oder laufen kann.

- Wenn du dir auf deine Bildung etwas zugute tust,
denkst du noch mehr im Begriff der Quantität als der
Qualität, des Erwerbens als des Nachdenkens, und du
speicherst die fertigen Bilder, die fertigen Gedanken,
die vorgefaßten Urteile. Zeitschriften, Digests, Doku-
mente... „bereichern" deine Kenntnisse und deine
Eindrücke.

---

27. Wir brauchen nicht zu sagen, daß wir hier nicht Stellung nehmen gegen die höheren Löhne, sondern gegen die *Anhänglichkeit*
an die materiellen Güter und gegen das *Verlangen, immer noch mehr
zu besitzen.*

- Du bist im Recht, wenn du wachsen willst, aber du täuscht dich gewaltig über die nötigen Mittel.

Du machst dir eine kleine Bank, und du steigst darauf, um größer zu erscheinen.

Du machst deine kleine Bank um ein paar Zentimeter höher, und du meinst, noch größer geworden zu sein...

Nun bestehen aber die Stärke und die Größe des Menschen nicht in seinem „Haben", sondern in seinem „Sein".

- Wozu dein hohes Postament,
        wozu deine hohen Absätze,
du kannst nicht durch das, was von unten kommt, wachsen, sondern nur zum Unendlichen hin, durch das, was von oben kommt (28).

- Dem Kind, das nach Zerstreuung verlangt, wird eine Menge Spielzeug nur Müßiggang und Langeweile bringen.

Dem Musikliebhaber wird die schönste Sammlung stummer Instrumente keine Freude bereiten.

Wer zu lieben begehrt, dem wird der Hunger nicht durch die Vielfalt empfindsamer Abenteuer gestillt.

Der Mensch, der in der Tiefe seines Wesens ganz auf das Unendliche gerichtet ist, wird den Abgrund seines Verlangens nicht durch die Anhäufung von materiellen Gütern zuschütten.

- Je mehr du des äußeren Wohlstandes bedarfst, um glücklich zu sein, um so wahrscheinlicher wird es sein, daß du unbefriedigt und dauernd unglücklich bist.

28. Vgl. Der aufrechte Mensch. — Seite 23.

- Durch den Wunsch nach materiellen Gütern,
    durch den Kampf, um sie zu erringen,
    durch den Versuch, sie zu genießen,
wird es dem Menschen am Ende völlig unmöglich, ein anderes Ziel für sein Leben anzustreben. Das ist die .Tragik seines Schicksals.

Er hat am Kreuzweg die falsche Richtung einge-schlagen; *er weiß nicht mehr,* daß es eine andere Straße gibt. Wenn jemand kommt, um es ihm zu sagen, *glaubt er es nicht mehr.*

- Wenn du ein Sklave der materiellen Güter wirst, bringst du alles aus seiner natürlichen Ordnung:
    Der Staat wird für dich nur mehr das Mittel sein,
        die für die Produktion und die Verteilung der
        Güter notwendige Ordnung zu schaffen;
    die Moral das Mittel, die Rechte des einzelnen
        zur Erwerbung der Reichtümer zu regeln;
    die Religion das Mittel, sie in größerer Sicher-
        heit zu sammeln;
    die Wohltätigkeit das Mittel, das Gewissen zu
        beschwichtigen, weil sie den Rat gibt, ein
        wenig von seinen Gütern abzugeben.
In den Augen der Menschen wirst du vielleicht ein „rechtschaffener Mann“ sein; in Wirklichkeit wirst du nicht nur nicht wachsen, sondern du wirst abnehmen.

- Das Haben macht deine Person nicht reicher. Das Haben läßt dich „scheinen“, aber nicht „sein“.

- Die Menschen, einer wie der andere,
    die ganze Menschheit
haben Anteil an der ständigen Verwirrung bezüglich

der wahren Größe. Nur wenn sie es aufgegeben haben, allein „eine Stadt und einen Turm zu erbauen, dessen Spitze bis zum Himmel reicht" (29), werden sie hoffen können, das Unendliche zu erreichen.

- Du mußt dich frei machen von der Sklaverei der materiellen Güter.

Du mußt deine Mentalität ändern.

Du mußt dich bekehren.

Du verbringst den größten Teil deiner Zeit, um „etwas" zu erwerben;

verwende aber um jeden Preis ein wenig Zeit, um „jemand" zu werden; halte inne, denke nach, staune, liebe ohne Gegenleistung, bete.

- Du sagst: „Ich arbeite ja nicht für mich, sondern für die Kinder; ich will nicht, daß sie ebenso unglücklich sind wie ich!" Wenn du beim Gedanken an ihre Zukunft nur ihre *materielle Situation* siehst, täuschst du dich. Ein Kind großziehen heißt, ihm etwas zu essen geben, aber auch und vor allem, es jemand „sein" lassen.

- Du willst für die Zukunft deiner Kinder sorgen Mach Menschen aus ihnen!

Wenn du aus deinen Kindern Menschen machst, kannst du beruhigt sein; sie werden das materiell Notwendige zu erwerben wissen, um es zu bleiben und immer mehr zu werden.

- Der Reichtum und die materielle Macht sind keine Übel an sich; das Übel besteht darin, daß man sie für die Voraussetzung der wahren Größe hält.

29. Gen 11, 4.

76

- Schließlich macht es wenig aus, daß du reich bist; wichtig ist, daß du dem Reichtum gegenüber ganz frei bist.

Der heilige Paulus schreibt den Korinthern: „Mögen die, die kaufen, leben, als besäßen sie nichts; und die, welche die Welt genießen, als genössen sie dieselbe nicht" (30).

- Es bedarf nicht vieler Güter, um einen Menschen zu lähmen und ihn an seiner Entfaltung zu hindern; es genügt, wenn sie in der Einschätzung über den Geist gestellt werden, und sie werden ihn vernichten (31).

- Es ist besser, daß du eines Tages wirklich nach Brot hungerst, als daß deine Seele langsam gelähmt und dann erstickt wird durch die Last deines Reichtums.

- Nicht weil du arm bist, bist du kein Sklave der materiellen Dinge: das Wunschbild, der Neid, die Mißgunst, der Kampf, um in ihren Besitz zu kommen (nicht aus Hunger nach Gerechtigkeit und Liebe zu den anderen, sondern aus dem egoistischen Verlangen, in ihren Genuß zu gelangen), bedeuten eine Anhänglichkeit „im Geiste", die Gefahr läuft, daß sie ebenso schlimm ist wie die andere.

- Um sicher zu sein, daß du dich nicht an materielle Güter hängst, entäußere dich von Zeit zu Zeit irgendeines Gutes, indem du es hergibst.

30. 1 Kor 7, 30—31.
31. Vgl. Der aufrechte Mensch. — Seite 23.

Wenn du dabei leidest, wiederhole deine Tat; denn das ist der Beweis, daß die Güter anfangen, an deiner Seele zu kleben. Du wirst sie schließlich mit „dir selbst" verwechseln.

- Je mehr du dich von den materiellen Gütern frei machst, um so freier wirst du für die wahre Größe sein.

Jesus Christus hat uns gesagt, daß man nicht zugleich zwei Herren dienen kann, nämlich Gott und dem Mammon.

- Wenn du wachsen willst, wähle Gott.

Dein armseliges kleines Postament macht dich nur um ein paar Zentimeter größer.

Gott macht dich unendlich groß.

DER VOLLENDETE
ODER DER DURCH JESUS CHRISTUS
VERGÖTTLICHTE MENSCH

Im Herzen eines jeden Menschen verbirgt sich das Heimweh nach der Vollendung. Das Verlangen ist unendlich, aber die Schranken sind zahlreich. Selbst wenn es die Sünde nicht gäbe und der Mensch sich allein richtig formen und alle seine Kräfte in Einklang bringen und meistern könnte, er bliebe unbefriedigt. Da zeigt sich in seinem tiefsten Wesen das Siegel seiner göttlichen Berufung. Der Vater will aus Seinen Geschöpfen Seine Kinder machen. Die wirkliche Vollendung des Menschen, seine totale Umwandlung in Christus, kann nur durch die Gnade geschehen.

– Weißt du, was dich am meisten leiden macht? Alle Unbefriedigtheiten in dir, die Reibereien, die Konflikte:

zwischen dem, was du begehrst, und dem, was du besitzt;

zwischen dem, was du sein möchtest, und dem, was du bist;

zwischen dem Hunger nach Wissen und deinem Geheimnis und dem Geheimnis der Welt;

zwischen deinem wahnsinnigen Glückshunger und dem Leiden in all seinen Formen;

zwischen deiner Sehnsucht nach moralischer Größe und dem Bösen in dir und um dich;

zwischen deinem Durst nach Liebe und den Niederlagen, den Grenzen der menschlichen Liebe.

Was dich leiden macht, ist deine Unvollkommenheit, dein Unvollendetsein.

- Glaube nicht, daß die Befriedigung deiner tiefen Sehnsüchte von etwas Äußerem kommen kann; nur jemand, der dir selber innewohnt, wird dich erfüllen können (32).

Weißt du, was du am meisten begehrst? Das Unendliche!

Die unendliche Schönheit.

Die unendliche Reinheit.

Die unendliche Gerechtigkeit.

Den unendlichen Frieden.

Die unendliche Wahrheit.

Die unendliche Liebe.

Das unendliche Leben...

Und das Unendliche übersteigt dich, übersteigt den ganzen Menschen. Das Unendliche hat nur einen Namen: GOTT.

Jede Art deines Hungers nach dem Unendlichen ist im Grunde nur ein und derselbe Hunger: der Hunger nach Jesus Christus; denn Jesus Christus „ist" die Reinheit, die Wahrheit, die Liebe, das Leben...

- Gott selbst hat in dich dieses Heimweh nach Vollendung im Unendlichen gelegt. Aus der Tiefe der Ewigkeit winkt dir Seine Liebe.

- „...gelobt sei Gott, der Vater unseres Herrn Jesus Christus, der *uns in Christus gesegnet hat mit allem*

32. Vgl. Der Mensch und sein Postament. — Seite 72.

geistlichen Segen vom Himmel aus. In ihm hat er uns ja auserwählt vor Grundlegung der Welt... Er hat uns vorausbestimmt, daß wir in ein *Kindesverhältnis zu ihm treten sollten durch Jesus Christus...*" (33).

Gott denkt dich von jeher nicht nur als Menschen, sondern als vergöttlichten Menschen.

Begnüge dich nicht, ein Mensch zu sein, ein Menschenkind, wenn Christus dir anbietet, tatsächlich ein Gotteskind zu werden.

- Dein Christentum ist nicht zuerst
   eine Vielfalt von religiösen Riten,
   ein moralisches Gesetz,
   eine Lehre,
sondern ein LEBEN.
Praktiziere nicht bloß Christentum, sondern lebe es von innen her.

- Von Natur aus bist du beschränkt auf das Menschliche.
   Wenn du dich entsprechend deinem Verlangen
   und dem Willen Gottes vollenden willst,
   wenn du einmünden willst in die Welt des Göttlichen,
   mußt du wiedergeboren werden, eine Übernatur
   annehmen und ein neuer Mensch werden.

- Die Taufe stellt für dich diese neue Geburt dar, sie nimmt dich hinein in das Geheimnis des Todes und der Auferstehung Jesu. In Ihm, dem erstgeborenen Sohn, wirst du zum Sohn. In Ihm, dem Bruder aller, wirst du zum Bruder aller Menschen.

33. Eph 1, 3—6.

- Du weißt, daß das Böse in dir zu tief festsitzt, als daß du es treffen und endgültig besiegen könntest. Jesus Christus hat es auf sich genommen, so wie Er alle deine aktuellen Sünden auf sich nimmt, und Er hat alles umgekehrt, losgekauft. Aber du mußt mit dem Erlöser mittun. Du kannst nur durch den Erlöser Jesus Christus vom Bösen erlöst werden (34).

- Das Rebholz und die Zweige bilden nicht mehrere Weinstöcke, sondern nur einen.

Das Haupt und die Glieder bilden nicht mehrere Menschen, sondern nur einen.

Wenn du durch die Gnade mit Christus verbunden bist, bildest du nur mehr eine Einheit mit Ihm und „Seinem mystischen Leib".

- Der Fluß könnte nicht mehr fließen, wenn er auf die Quelle verzichten würde.

Das Licht könnte nicht mehr leuchten, wenn es auf die Sonne verzichten würde.

Du kannst nicht in der Fülle leben, wenn du Jesus Christus zurückweist; du hast es nötig, daß das triumphierende Leben, das in Ihm pulsiert, in dich übergeht; dieses Leben wird die Gnade genannt.

- Das Leben Christi durchdringt deinen Verstand durch die Gnade des Glaubens.

Du, der du dein Geheimnis und das Geheimnis der Welt entdecken möchtest, kannst dadurch erkennen, wie Gott erkennt.

34. Vgl. Beichten oder das Sakrament der Buße empfangen. — Seite 275.

Das Leben Christi durchdringt dein Gefühl, deinen Willen, dein Herz durch die Gnade der Liebe.

Du, der du ohne Grenzen lieben möchtest, kannst dadurch mit dem Herzen Gottes lieben.

Das Leben Christi durchdringt dein Handeln und alle deine Wünsche durch die Gnade der Hoffnung.

Du, der du Erfolg haben willst, kannst die ganze Macht Gottes empfangen und die Gewißheit eines ewigen Glückes (35).

Das Leben Christi durchdringt deinen Leib, um ein Samenkorn der Unsterblichkeit in ihn zu säen.

Du, der du intensiv leben möchtest, in Christus wirst du ewig leben.

Wenn du bereit bist, Jesus Christus auf allen „Stufen deines Seins" (36) aufzunehmen, wird dich Sein Heiliger Geist von innen her langsam umwandeln.

- Die durch Jesus Christus eingesetzten Sakramente sind die bevorzugten Begegnungsstätten mit Seiner Gnade. Wenn du dich dieser Begegnungen beraubst, verhinderst du deine Vollendung.

- Jesus Christus verlangt von dir nicht nur, daß du Ihn bewunderst, Ihn nachahmst, oder auch, daß du Sein Freund bist, wie man auf Erden einen Freund hat. Er verlangt von dir *vor allem, daß du dich in Ihn umwandeln läßt.*

- Der hl. Paulus hatte die Vollreife eines vergöttlichten

---

35. Glaube, Hoffnung und Liebe sind die neuen „Fähigkeiten" deiner Übernatur.

36. Vgl. Der aufrechte Mensch. — Seite 23.

Menschen erreicht, als er sagte: „Nicht mehr ich lebe, sondern Christus lebt in mir."

- Das Werk Jesu Christi ist noch nicht vollendet. Es wird vollendet sein:

> wenn die Gnade das tiefste Wesen aller Menschen wieder ausgeglichen und in Einklang gebracht haben wird (37);
>
> wenn das gesamte Universum durch den Geist und die Hände des vergöttlichten Menschen beherrscht und neu ausgerichtet sein wird;
>
> wenn Sein mystischer Leib seine Reife erlangt haben wird, und die in Gott wurzelnde Liebe die ganze Menschheit zur Einheit gebracht hat.

Dann nämlich erst ist der Plan des Vaters erfüllt, der darin besteht, „alles in Christus zur Einheit zu bringen, was im Himmel und auf Erden ist" (38).

- Wenn du Christus wählst, mußt du teilnehmen an Seiner Sendung. Christ sein bedeutet, „Christus nachfolgen"; bedeutet, sich einschalten in die Verwirklichung des großen Planes des göttlichen Vaters.

- Das Leben Christi in dir verändert dein ganzes Leben:

> Durch deine Bemühung, ein „aufrechter Mensch" zu werden und dich durch die Kenntnis und die Liebe mit allen Menschen zu verbinden (39),

---

37. Vgl. Der atomisierte oder der einheitliche und personalisierte Mensch. — Seite 36.

38. Eph 1, 10.

39. Vgl. Die zwei Dimensionen des Menschen. — Seite 29.

arbeitest du mit an der Vollendung der mystischen Fleischwerdung Jesu Christi.

Durch deine Kämpfe und Leiden aller Art, die
du beobachtest, annimmst und aufopferst,
arbeitest du mit an der Vollendung der Erlösung.

Durch deine Liebe innerhalb deiner Familie und
durch deine intellektuelle, manuelle oder
künstlerische Arbeit arbeitest du mit an der
Vollendung der Schöpfung.

Du bist, in Jesus Christus, ein Erbauer des himmlischen Reiches.

- Du wirst dein ganzes Leben lang an deiner Vollendung der Welt arbeiten; aber weder du noch die
Welt werden die endgültige Fülle in der Zeit erreichen.

Erst am „Ende der Zeiten" wird im auferstandenen
Christus alles erfüllt werden, wenn wir in der ewigen
Liebe mit dem Leben der Dreifaltigkeit verbunden sein
werden.

- Wenn du dich auf Erden vollenden wolltest, so
hieße das, dich noch begrenzen. Du wirst erst im Himmel vollendet sein.

Zum Himmel gibt es aber nur einen einzigen Weg:
Jesus Christus.

DER MENSCH UND SEIN LEBEN

Viele Menschen sind innerlich gelähmt und gefesselt. Sie
führen ein beschränktes und erfolgloses Leben, weil sie
sich nie angenommen haben mit ihren Grenzen und Qualitäten.
Eine offenherzige Klarheit, ein echter Akt der Hingabe im
Glauben wird sie von ihrem Komplex befreien und ihnen
schließlich ermöglichen, sie selbst zu sein. Nur unter dieser
Bedingung werden sie in ihrem Leben Erfolg haben und
den anderen dienen können.

- Du bist nicht gesund, du hast keine Bildung, du
bist mit einer Schwäche behaftet, du bist häßlich, du
bist gehemmt durch einen schweren Charakterfehler...
Oder weiter, dein familiäres Milieu hat dir keine Kraft
gegeben und dir nicht geholfen, die Deinen verstehen
dich nicht, du vegetierst in deiner Arbeit, obwohl du
Besseres schaffen könntest... Kurz, du bist in dir und
um dich herum *begrenzt,* und du bist dadurch gedemütigt.
Sei ehrlich: du hast diese Grenzen niemals wirklich
angenommen. Der Beweis dafür? Du denkst oft: Wenn
ich bei guter Gesundheit wäre, würde ich... Wenn ich
einen Vater gehabt hätte, der mich verstanden hätte...
Wenn..., und so schleppst du eine üble Resignation
mit dir herum, die manchmal von Neid oder Hoffnungs-
losigkeit begleitet ist. Oft sagst du: Natürlich, der da,
der kann das, aber ich... Wenn ich seinen Verstand,

seine Bildung, seine Anpassungsfähigkeit hätte ...
Wenn..., und in deiner Stimme liegt ein Unwille und ein
bißchen Groll gegen dich, die anderen und das Leben.

- Solange du deine Grenzen nicht wirklich annimmst,
wirst du nichts Solides gestalten können; denn du verbringst deine Zeit mit dem Verlangen nach den Werkzeugen, die in den Händen der anderen sind, ohne zu
bemerken, daß auch du welche besitzt, andere zwar,
aber genauso brauchbare. Schau nicht mehr auf die der
anderen, schau auf deine eigenen, ergreife sie und arbeite.

- Verleugne deine Grenzen nicht, das wäre ein Unglück. Das Verleugnen schafft sie nicht aus der Welt.
Wenn sie bestehen, dann würde ihre Nichtbeachtung
ihnen eine geheimnisvolle Kraft zur Zerstörung und
Unterminierung deines Lebens einräumen. Im Gegenteil, schau ihnen mutig ins Gesicht, ohne sie zu über-
schätzen, aber auch, ohne sie zu unterschätzen. Wenn
du dabei etwas ändern kannst, was zögerst du, mit Ruhe
und Ausdauer ans Werk zu gehen? Wenn du nichts
ändern kannst, nimm sie an. Es geht nicht darum, daß
du „resignierst" und den Kopf sinken läßt, sondern daß
du ihn erhebst und ja sagst. Es geht nicht darum, sich
zugrunde richten zu lassen, sondern *zu tragen, zu ertragen und zu opfern.*

- Reiß dich zusammen, Gott sieht dich, und in seinen
Augen bist du weder weniger groß noch weniger geliebt als irgendein Mensch, den du beneidest. Gib ihm
deine Sorge, deine Qual und dein Leid, und vertraue
mehr auf Seine Macht als auf deine Tüchtigkeit.

- In dem Maße, in dem du deine Grenzen feststellst, annimmst und Gott darbringst, wirst du darauf kommen, daß deine Armut ein unermeßlicher Reichtum wird.

- Deine Grenzen sind nicht bloß Hindernisse, sie sind auch Hinweise Gottes, um deinen Weg zu bezeichnen. Du sprichst nicht gut! Könnte das nicht ein Zeichen sein, daß du vor allem hören solltest? Du bist ängstlich! Solltest du nicht lieber aufnehmen, statt dich aufzudrängen und hinreißen zu lassen? Du bist kein Intellektueller! Bist du nicht für eine praktische Arbeit bestimmt usw...?

- Erkenne deine Grenzen, nimm sie an und bring sie dar, aber auch deine Qualitäten. Du besitzt doch solche. Nicht darin besteht die Demut, daß man sich für den menschlich Armseligsten hält. Das wäre Theater oder Dummheit (sofern es sich nicht um eine psychische Störung handelt).
- Die Gaben anzuerkennen, die der Herr uns verliehen hat, ist nichts Schlechtes. Der Stolz besteht darin, zu glauben, daß wir sie mit unseren eigenen Mitteln verdient oder erworben haben.

- Der wahrhaft Demütige fürchtet nichts, weder sich selbst mit seinen Qualitäten und Grenzen noch die anderen noch die Dinge. Er fürchtet Gott.

- Wenn du von einem Freund ein Geschenk erhältst, öffnest du das Paket, schaust es an, bewunderst es und bedankst dich dafür. Der Vater im Himmel hat dir viele Geschenke gemacht. Oft wagst du nicht, sie anzuschauen und dich über sie zu freuen. Du spielst den Tugendhaften und bist nicht einmal höflich.

- Die Geschenke des Vaters sind nicht für deinen persönlichen Gebrauch bestimmt. Sie sind für die anderen und für Ihn. Je mehr du bist und je mehr du hast, um so verantwortlicher bist du. Du solltest also nicht fürchten, deine Qualitäten zu erkennen, wohl aber, sie nicht dienstbar zu machen.

- Laß dich selbst gelten, aber laß dich auch den anderen gegenüber gelten. Warum fürchtest du dich vor deinem Chef, deinem Arbeiter, vor dem Menschen, der gescheiter ist als du, vor dem, der besser spricht als du, „der die Frage besser versteht"? Warum beeindruckt dich der andere? Warum bist du eingeschüchtert und gelähmt durch einen „Minderwertigkeitskomplex"? Weil du es noch nicht angenommen hast, vor dem anderen du selbst zu sein, und weil du seine Meinung fürchtest.

- Wenn du Furcht hast vor dem anderen, denke, daß er selbst wieder von dir beeindruckt sein wird, wenn du du selbst sein willst, denn jeder Mensch ist einem anderen gegenüber begrenzt, weil er er selbst ist und nicht der andere sein kann.

- Du sollst nicht begehren, das Leben des anderen zu leben, es ist nicht auf dich zugeschnitten. Der Vater hat jedem von uns ein Leben zugemessen; das der anderen auf sich zu nehmen wäre der gleiche Irrtum, wie wenn du das Gewand deines Freundes unter dem Vorwand anziehen wolltest, daß es ihm genau paßt.

- Sorge dich nicht um das Urteil des anderen. Er wird deine Grenzen gelten lassen, wenn du sie anerkennst. Aber er wird es nie verzeihen, wenn er einen bemerkt, der sich schämt oder Furcht hat und ihn zu täuschen sucht, indem er scheinen möchte, was er nicht ist. Sage: Ich weiß nicht. Ich habe nicht die Kraft. Ich verstehe nicht... Und du wirst dem anderen einen Dienst erweisen; denn die Menschen brauchen das Gespräch mit denen, die um ihre Grenzen wissen, um ihre eigenen Grenzen zu erkennen.

- Sei du selbst. Die anderen brauchen dich, so wie dich der Herr gewollt hat. Du hast kein Recht, dich zu verstellen und Theater zu spielen, wenn du die anderen nicht foppen willst. Sage dir: Ich kann ihm etwas bieten, denn nie ist er jemandem wie mir begegnet und nie mehr wird er ihm begegnen, denn ich bin als ein einmaliges Wesen aus den Händen Gottes hervorgegangen.

- In einer gewissen Weise sind wir unvollständig. Erst alle Menschen zusammen bilden die Menschheit und in Christus den mystischen Leib. Deine Grenzen sind eine Einladung zum Zusammenschluß mit allen anderen in der Liebe.

- Du sollst nur ein einziges Verlangen haben: ohne Abstrich in der Fülle das zu sein, was Gott will, daß du seist, und du wirst vollkommen sein.

Alle Menschen wollen glücklich sein. Die Menschheitsgeschichte beinhaltet das lange und leidvolle Abenteuer der
Menschen, die auf der Suche nach dem Glück sind. Aber
es läßt sich nicht leicht greifen. In demselben Augenblick,
da der Mensch meint, es erobert zu haben, ermißt er auch
seine Grenze, sieht es unter seinen Händen sterben und
träumt bereits vom Besitz eines neuen Glücks.
Der Mensch ist blind in eine Sackgasse getappt, er sucht
dort, wo er nie finden wird; oder er resigniert und entscheidet sich für den Genuß des Augenblicks; oder er verzagt
und hält das Glück für einen Wahn.
Nun gibt es aber auch das wahre Glück. Du kannst ihm begegnen.

- Du kämpfst, du leidest, du schlägst dich herum, um
das Glück zu erlangen; du gleichst dem Läufer, der
einen Lauf gewinnen möchte, ohne das Ziel zu kennen.
Bleib zuerst einmal stehen und suche den Weg.

- Dein ganzes Wesen ist auf das Glück hingeordnet.
Gott selbst hat in das Herz jedes Menschen diesen
Hunger und diesen Durst hineingeschrieben. Du bist
für das Glück geschaffen, und dieser Ruf in dir ist die
Einladung Gottes, die aus der Tiefe der Ewigkeit zu dir
kommt. Wenn du ihn hörst, wirst du glücklich sein,
denn Gott sät nicht, wenn Er nicht die Ernte will.
- Es gibt Lust und Freude. Die Lust ist das Glück

94

des Leibes. Die Freude ist das Glück der Seele. Begnüge dich nicht mit der Lust, sie wird dich nicht sättigen.

- Du bist traurig, wenn du zerrissen wirst von dem Hunger nach der Lust, und je mehr du genießt, um so hungriger und um so trauriger bist du. So verdammst du dich zur Traurigkeit, wenn du ausschließlich hinter der Lust her bist.

- Die Lust lebt einen Augenblick und stirbt dann; deshalb bleibt ein Geschmack des Todes, wenn du dich von ihr nährst.
Die Freude ist geistig, sie kann nicht sterben. Nimm sie auf, und du wirst in dir einen Geschmack der Ewigkeit bewahren.

- Vor den Schwierigkeiten des Lebens, vor den Prüfungen, den Leiden, dem Tode hast du das Recht zu weinen, aber selbst unter Tränen hast du nie das Recht, mit der Freude zu brechen. Die Lust kann tatsächlich nicht existieren, wo das Leiden herrscht, die Freude aber kann sich mit den größten Schmerzen vermählen.

- Die Lust ist nichts Böses, wenn du sie nicht als Ziel erstrebst. Du kannst das, was Gott dir anbietet, um deinen Weg angenehm zu gestalten und dir auf der Reise zu helfen, genießen; wenn du aber stehenbleibst, um sie selbst für dich selbst zu suchen, schwindet die Freude sofort.

- Der Weg deines Glückes nimmt seinen Ausgang nicht von Menschen und Dingen, um zu dir zu kommen, er geht immer von dir aus, um zu den anderen zu führen.

- Du bist traurig. Warum? Niemand hat deine Arbeit bemerkt, deinen Erfolg, deine Bemühungen. Du hast etwas zu sagen, und man hört nicht auf dich, man liebt dich nicht. Bitte Gott um Verzeihung wegen deiner Traurigkeit, und dann schenke deine Aufmerksamkeit den anderen. Stelle ihnen Fragen, höre auf sie, interessiere dich für ihre Arbeit, bewundere ihre guten Eigenschaften, stelle ihre Verdienste fest... und die anderen werden dich, ohne es zu wissen, von deinem Leid befreien und dir die Freude schenken.

- Warum bist du heute nicht fröhlich? Du weißt es nicht. Schenke dem Herrn deine Müdigkeit, deine Beschwerden und diese alten Sorgen, die wie ein ungeordneter Haufen auf dem Grunde deines Herzens liegen. Und dann lächle den anderen zu. Lächle deiner Frau zu, deinem Bruder, dem Nachbarn, dem Kollegen; hab ein freundliches Lächeln für die Hausbesorgerin, den Kaufmann... mach ein freundliches Gesicht... und dein Lächeln wird die Freude zurückrufen, die geflohen war.

- Die Freude fängt genau in dem Augenblick an, in dem du die Suche nach dem eigenen Glück aufgibst und versuchst, es den anderen zu schenken.
Wenn du also traurig bist, halte an und forsche nach dem Grund der Traurigkeit. Du wirst immer in der Tiefe deines Herzens die Spur einer Hinwendung zu dir finden. Laß das nicht zu. Schenke, was du eifersüchtig hütest, Gott, dann vergiß dich und denke an deinen Nächsten.

- Das Drama des Menschen besteht darin, daß er begrenzt ist in seinen Mitteln und unendlich in seinen

Wünschen. Daher kannst du menschlich nicht vollkommen glücklich sein. Gott allein kann dich sättigen.

- Im Herzen des unruhigen Menschen ist der Hunger nach Glück nichts anderes als der Hunger nach Gott. Wehe den Gesättigten, die, angestopft mit Lust, das Unendliche ihrer Sehnsucht erstickt haben. Selig dagegen diejenigen, welche noch Hunger haben.

- Die Freude erblüht am Ende der Hingabe, die Hingabe aber fordert das Selbstvergessen, den Tod des Selbstischen. So besteht die Freude im wiedergefundenen Leben, wenn man eingewilligt hat, es zu verlieren.
In Christus und durch Christus besteht das Geheimnis der Freude im Geheimnis der Auferstehung.

- Wie steht es mit deiner Freundschaft zu Christus? In der Stärke dieser Verbindung ist das Maß der Lebendigkeit deiner Freude gegeben.

- In Gott gibt es nichts als Freude, denn in Ihm ist alles Hingabe. Gott ist *Freude,* und wenn du dich Gott preisgibst, lieferst du dich der *Freude* aus.

Der Mensch ist „von Sorgen gequält". Weil er unermeßlich weil er unendlich ist, hat er immer Platz bei sich, um sie aufzustapeln. Es gibt viele Sorgen, die von Natur aus schlimm sind: Man muß sie beseitigen. Es gibt echte und edle Sorgen, aber der Mensch ist zu schwach, um sie ertragen oder gar sie beseitigen zu können. Die Sorgen bringen den Menschen um; wenn er leben und recht leben will, muß er sie abgeben. „Jemand" wartet darauf!

- Du hast ein Leberleiden (...deine „Galle geht dir über").

  Du hast Kopfweh.

  Du hast einen Asthmaanfall.

  Du hast ein Magengeschwür.

    Oder:

  Deine Haare werden weiß.

  Dein Gesicht bekommt Runzeln.

    Oder:

  Du bist müde und traurig: „welche Sorgen" —
  „ich bin ganz fertig" — „ich werde nie ruhig
  sein können".

Und du schleppst einen armen, immer zusammengezogenen und schmerzvollen Leib mit dir, ein zerschundenes Herz, das lebt, weil es nun einmal leben muß, das aber die Freude und den Frieden nicht kennt.

Sollte das nicht zum Großteil davon kommen, weil

du von Sorgen gequält bist, von schlimmen Dingen, die du Tag für Tag sammelst, die du seit Jahren aufgespeichert hast, die dich benagen, dich aufzehren und dich leise, aber unerbittlich zugrunde richten?

– Was dich vernichtet, sind nicht so sehr die Schläge, die du von außen empfängst, sondern all das, was du an Schlimmem in dir einschließt, und was sich nun rührt, gärt und zu faulen beginnt.

> Die Eifersucht, die an dir nagt, jene, die du freimütig zugibst, oder jene, die hinter deiner Traurigkeit herkriecht, hinter deiner üblen Laune, deinen Reden und deinem Schweigen.

> Der Ärger, weil du nicht glänzt, weil du nicht bemerkt und nicht vorgezogen wirst.

> Die Furcht vor einem Menschen, vor einem Ereignis, einer Versuchung; Furcht zu mißfallen, Furcht zu versagen, Furcht zu fehlen...

> Der Zorn und die Rachsucht: er wird es mir bezahlen; ich werde mich schon schadlos halten; ich werde der Stärkere sein; ah, wenn ich ihn zwischen meinen Händen hätte...!

> Die Zweifel: ich werde damit nie zum Ziele kommen; es ist unmöglich, es ist zu schwierig für mich; er wird es nicht verstehen.

> Die Reue über das Vergangene: wenn ich gewußt hätte; wenn ich neu beginnen könnte; nie werde ich mich trösten.

> ... Die Lügen, der Groll, die negativen Kritiken, die falschen Beschuldigungen, die Verleumdungen, der Neid..., und alles übrige; das Böse, das du jeden Tag ausschüttest in deinen Worten, deinem Lächeln, deinen Seuf-

zern, deinem Achselzucken oder deinen schlauen Manövern. Das Böse, das sich auswirkt in dir oder von dir ausgeht, das dich aber mehr verletzt als die anderen.

- Dein Herz ist unermeßlich, aber es ist überfüllt wie ein unaufgeräumter Dachboden. Die vergangenen Generationen haben dort ihr altes Gerümpel abgestellt (als sie dir ihre schönen Möbel überlassen haben), und auch du häufst dort schmutzigen Kram an. Du stellst auch liebgewordene Dinge dort ab, deren du dich wieder einmal bedienen willst... die du aber zu verschleiern suchst: die Erinnerung an eine ungesunde Träumerei, an eine Lektüre, an einen Blick...; den Geschmack an einer Leidenschaft, die Genugtuung über eine Rache, die stolze Lust über einen glänzenden Erfolg... Hältst du nicht oft Einkehr in die Speicherkammer deiner Erinnerungen, um dort wiederzufinden, was du wegwerfen solltest?

- Es gibt die „Sorgen" und das Böse, das du in dir findest, das du siehst, das du berührst, das du nennst.
Es gibt dann das Verborgene, das deinen Augen entschwunden ist. Es gibt schließlich das, was du mit Füßen getreten hast, um es zu vergessen, und von dem du glaubst, es sei nun für immer tot.
Du irrst dich. *Alles, was in dir ist, lebt.* Es lebt, wenn du daran denkst, es lebt, wenn du nicht daran denkst, es lebt am Tag, und es lebt in der Nacht, wenn du schläfst. *Und alles, was in dir lebt und böse ist, schadet dir.*
Das ist nicht möglich. Dieser alte Groll, dieses Leiden aus meiner schmerzlichen Empfindsamkeit: Unverständnis, Verachtung, Verlassenheit, Geringschätzung;

diese Enttäuschung in meinen Geschäften, in meinen Beziehungen, in meiner Familie...; diese Prüfung, dieser Fehler... das ist vergangen, das ist begraben, reden wir nicht mehr darüber. Das existiert alles noch, und selbst wenn es tot wäre, sein Leichnam ist da, und der Verwesungsgeruch ist in dir.

- Die in deinem Schrank verendete Maus wird dich nicht mehr mit ihrem Gestank belästigen... wenn du sie fortschaffst.
Der Nagel im Reifen deines Mopeds wird deinen Schlauch nicht mehr durchstechen... wenn du ihn herausziehst.
Dein Bündel Sorgen von gestern und vorgestern, die kleinen und großen, echten und unechten, diese Sorgen werden dich nicht mehr zugrunde richten... wenn du sie fortschaffst.

- Es gibt falsche Sorgen, auf die du nicht stolz sein darfst und die du endgültig und rücksichtslos entfernen mußt; und es gibt echte Sorgen: Sorgen, wie man das Brot kaufen, die Zukunft gestalten, die Erziehung durchführen, die Gerechtigkeit und den Frieden gewinnen, die Menschen lieben und die Welt retten soll! Diese unzähligen Sorgen, täglich umgeprägt zu zahllosen Fragen der Liebe, die dich quälen, die dich bedrücken, jeden Augenblick, bei jeder Begegnung, bei jeder Geste; muß man wenigstens diese Sorgen annehmen und sie tragen?
- Nein, du bist zu schwach. Gib sie her und laß sie tragen.
- Aber dann tue ich ja nichts mehr!
- Doch, du gibst sie her.

- Das ist zu leicht!
- Nein, es ist schwer, wirklich ein Kind zu sein und nichts für sich zu behalten, immer alles herzugeben — selbst die Freuden —, um sie tragen zu lassen durch den Anderen; es ist sehr schwer, immer an Seiner Seite zu gehen und immer die Hand zu geben und so klein, so einfach, so bescheiden zu werden, daß man schließlich bereit ist, *sich tragen zu lassen.*

- Armer „Alter", wann wirst du begreifen, daß du *nichts* tragen kannst ohne Ihn, nicht einmal dich?

Wenn wir uns nicht „vorzeitig" verbrauchen wollen,
müssen wir ohne Sorgen leben. Nun fallen uns aber die
Schwierigkeiten des Lebens an, sie packen uns von außen
und bringen uns ins Wanken; sie dringen in uns ein und
quälen unseren Geist und unser Herz. Wir werden nicht
lange Widerstand leisten und über die Hindernisse trium-
phieren können, wenn wir nicht verstehen, alle unsere
Schwierigkeiten unvermittelt und aufrichtig dem Herrn
zu schenken. Wir brauchen eine lange Lehrzeit verzicht-
tender Hingabe, um bei jedem Schritt unseres Lebens
unsere menschliche Ohnmacht gegen die göttliche Allmacht einzutauschen. Am Ende dieser Entsagung aber
blühen unfehlbar der Friede und der Erfolg in Gott.

- Man legt keine schmutzige Wäsche auf einen Stoß
sauberer Wäsche.

- Man legt kein faules Obst in das Körbchen mit
Frischobst.

Wenn du immer rein und stark in Frieden leben willst,
dann gib acht, daß nie auch nur eine Sorge aus der
Vergangenheit, der Gegenwart oder der Zukunft in dir
bleibt, denn *alles Eingeschlossene gärt.*

- Mit deiner Sorge kannst du nicht dadurch fertig
werden, daß du alles tust, sie zu vergessen, sie mit
Füßen zu treten, sie zu leugnen. Wenn sie unterdrückt
wird, wird sie sich vielleicht im Augenblick nicht mehr

rühren; aber eines Tages wird sie sich wieder regen, denn sie ist nicht tot. Im Gegenteil, schau ihr gerade ins Gesicht, beachte ihre Einzelheiten, ihren Ursprung und ihren Existenzgrund, aber versage es dir, mit ihr vertraulich zu werden, oder auch, dich auf einen Kampf mit ihr einzulassen. Ergreif sie und übergib sie dem Herrn.

- Du wirst nicht von heute auf morgen befreit werden. Du wirst in treuer Beharrlichkeit die Wahrheit deines Verzichtes beweisen und deine Gabe wiederholen müssen, sonst wird sie nicht vollkommen sein. Wenn du aber entschlossen bist, keine einzige Sorge in dir nur einen Augenblick festzuhalten und „dein Herz unmittelbar für Gott leer zu machen", wirst du frei und stark sein aus der unendlichen Kraft des Herrn.

- Quält dich die Vergangenheit? Dieser oder jener Fehler...? Warum? Sie stehen nicht mehr in deiner Macht. Der Gewissensbiß ist böse; hinter ihm stecken der Ärger, die verletzte Eitelkeit, der Stolz. Nur die Reue ist erlaubt, sie wird von der Liebe bestimmt, die Liebe aber nährt sich vom Verzeihen und schaut vorwärts.
Du hast den Fehler hergegeben, gib auch den Gewissensbiß und sogar die Reue her... Das alles lähmt dich.

- Beschäftigt dich die Zukunft? Du fürchtest den morgigen Tag, ein Zusammentreffen, eine bestimmte Arbeit, eine besondere Versuchung...? Warum? Die Zukunft steht noch nicht in deiner Macht, verbrauche dich nicht im voraus. Schenke Gott die Zukunft im großen wie im kleinen, und *lebe der Gegenwart.*

- Beunruhigt dich die Gegenwart? Die Hindernisse flößen dir Furcht ein?... Warum? Sie sind nichts; entscheidend ist die Art, wie man sie angeht.

- Du befindest dich vor einer Mauer. Warum rennst du unentwegt gegen sie an? Sie ist fest, sie ist zu hoch und u n-übersteigbar. *Nimm sie an.* Opfere das Hindernis Gott, *opfere deine Enttäuschung,* nicht ans Ziel kommen zu können, und... beschreite einen anderen Weg.

- Manche überlasten ihr Auto, sie kommen langsam vorwärts, richten den Motor zugrunde und verbeulen die Karosserie. Und du? Du vermagst die Last deines Tagewerkes zu tragen, der Herr gibt dir dazu die Gnade, aber du kannst ihr nicht ungestraft die Last von gestern und von morgen hinzufügen. Für die Überbelastung bekommst du keine Gnade...

- Diesmal gibt es keinen anderen Weg. Du mußt die Schwierigkeit auf dich nehmen: eine Krankheit, ein Gebrechen, einen Besuch, eine Arbeit... das Monatsende mit der leeren Brieftasche, die Erziehung der Kinder, eine Tat, die gesetzt, eine Entscheidung, die getroffen werden muß... *Fang den Kampf nicht unmittelbar an,* pack das Hindernis und *schenke es dem Herrn,* vollständig, umfassend, mit der ganzen Sorge, die du dir machst: Werde ich ankommen, wie werde ich mich herausziehen, welche Lösung soll ich wählen; mit deiner Schüchternheit oder deiner Furcht oder deinem Zorn; mit deiner Verdemütigung oder den Reaktionen deiner Umgebung, was sie sagen oder was sie sagen werden; *schenke alles* getreu und beharrlich her. Nach einer Minute, wenn du unmittelbar handeln mußt, nach einem

Tag, einer Woche, wenn du länger Zeit hast, entscheide und handle noch einmal zusammen mit Gott. Du wirst bemerken, daß die Schwierigkeit geringer ist, als du gedacht hast, das Hindernis weniger schwierig; denn Gott ist klar und stark, viel klarer und stärker als du.

- Du sagst zu Gott, daß du auf Ihn dein Vertrauen setzt, und du vertust deine Zeit, um Ihm das Gegenteil zu beweisen, indem du dir Sorgen bereitest.

- Wenn der Mensch oft innerlich unglücklich ist, wenn er in seinem Leben scheitert, so kommt das daher, weil er das Leben auf seine Art leben will, indem er der menschlichen Weise folgt und auf seine eigenen Kräfte rechnet. Sobald er sich den Händen Gottes überantwortet, macht sich Gott für ihn an die Arbeit: der Erfolg (nicht notwendig der menschliche Erfolg) ist gewiß und umfassend. So wird ein Kind, das zuviel tragen will, müde, fällt und verletzt sich. Wenn es aber bejaht, daß es noch ein Kind ist, trägt ihm der Vater die Last und nimmt es sogar auf seine Arme.

- Der Herr wird dir nicht mit Gewalt die Bürde deiner Sorgen, dein Bauwerkzeug, deine Kampfeswaffen, deine Arbeitsleistung nehmen.
Er ist da, deinem ganzen Leben gegenwärtig, aber diskret, und Er wartet darauf, daß du selbst Ihm einen Kummer schenkst, daß du Ihm eine Aufgabe anvertraust. Warum willst du so viel Arbeit für dich behalten? Warum willst du kämpfen, indem du Ihn bittest, „dir zu helfen"? Warum willst du Ihm nicht *alles* zu tragen, *alles* zu tun geben, und dein Herz und deine Hände, damit Er sich selbst ihrer bediene?

- Vor dem Sterben hat Christus in der Todesnacht auf Kalvaria zum Vater gesagt: „Ich lege meine Seele in Deine Hände", eine von allen Sünden, von allen Leiden, von allen „Sorgen" der Welt schwerbelastete Seele. Drei Tage später hat Ihm der Vater ein ganz neues, glorreiches, leuchtendes Leben wiedergeschenkt ... Ostern!

Sei jeden Abend bereit, allen deinen Vorurteilen, allen deinen echten und unechten Sorgen abzusterben. Lege alles voll Demut in die Hände des Vaters, damit Er dich jeden Morgen, ledig aller Unruhe, aufwecke, neu und rein dem Leben gegenüber, das dich erwartet. „In Deine Hände, Herr, empfehle ich meinen Geist, Du wirst mich erlösen, getreuer Gott" (40). „So lege ich mich in Frieden nieder und schlafe, denn Du, o Gott, läßt mich in sicherer Obhut ruhen" (41).

- Wenn du frei sein willst,
    wenn du jung,
    froh,
    voll Frieden,
    stark und triumphierend
jeden Tag, jede Minute sein willst: „Wirf deine Sorge auf den Herrn, Er wird dich erretten" (42).

40. Ps 30.
41. Ps 4.
42. Ps 54.

Wann werde ich endlich frei sein, seufzt der junge Mensch!
Gebt uns Brot und Freiheit, fordert der Proletarier, und
um diese Freiheit zu gewinnen oder zu verteidigen, ist er
bereit zu kämpfen, ja sogar sein Leben hinzugeben. Wenn
der Mensch den Menschen bestrafen will, entzieht er ihm
die Freiheit. Aber für viele ist die Freiheit bloß die Befreiung von jedem Zwang, die Möglichkeit, ganz gleich
was, wo oder wann zu tun. Das ist ein Zerrbild der
wahren geistigen Freiheit.
Richtig frei zu sein setzt — über das Fehlen jeden physischen Zwanges hinaus — eine völlige Entsagung seiner
selbst voraus um einer höheren Bindung willen. Man
muß „seine eigene" Freiheit gewinnen.
Die menschliche Freiheit ist immer begrenzt, sie kann
sich nur im Übernatürlichen voll entfalten. Gott allein ist
ganz frei. Der ist auf Erden der freieste Mensch, der
Gott am nächsten ist, der mit Ihm am innigsten verbunden
ist, der am meisten heilig ist.

- Die Freiheit ist das schönste Geschenk Gottes an
den Menschen, es hat Ihn am meisten gekostet: das
Leiden und den Tod Seines Sohnes.
Aus Liebe und für die Liebe will Gott den Menschen
in echter Freiheit sehen.

- Die meisten Menschen halten sich für frei, wenn sie
sagen können:
„Ich tue, was ich will";

das heißt: ich trage keine Handschellen, kein physi-
scher Zwang bindet mich;
ich kann alle meine Regungen, meine Instinkte
befriedigen, nichts und niemand hindert mich
daran.
Diese Freiheit ist die Freiheit des wilden Tieres, aber
nicht die Freiheit des Menschen, noch weniger die
Freiheit des Gotteskindes.

- Selbst wenn du völlig gelähmt hingestreckt auf
deinem Bett liegst,
selbst wenn du als Gefangener im letzten Winkel der
Todeszelle sitzt;
wenn du es willst, kannst du frei bleiben; denn deine
Freiheit liegt nicht auf der Ebene deines Leibes, sondern
auf der Ebene deines Geistes.

- Ausgenommen, wenn man dich in einen bewußt-
losen Zustand versetzt — aber dann verhältst du dich
nicht mehr als Mensch —, kann dir nichts und niemand
die Freiheit nehmen; denn nichts und niemand kann
deinen Geist gefangensetzen.

- Du und nur du schränkst mit der Mitschuld der
anderen und der Dinge deine Freiheit ein. Wenn du
frei sein willst, mußt du gegen dich kämpfen, du mußt
„deine" Freiheit gewinnen.

- Wenn du sagst:
das ist nicht mein Fehler, sondern mein Temperament!
Ich kann nicht darauf verzichten!
Ich habe unrecht, aber ich gebe nicht nach!

Ich kann nicht arbeiten, ich träume die ganze
Zeit. Das ist stärker als ich!
Warum ich so denke? So sagen doch alle!
Den da kann ich nicht sehen!
Ich wollte es nicht tun; aber ich habe vergeblich
dagegen angekämpft!
. . . .

bist du nicht frei, sondern Sklave. Sklave deiner selbst,
deiner Vergangenheit, deiner Umgebung, der Dinge
usw. . . .

- Du bist menschlich nicht frei, wenn du in dir nicht
den aufrechten Menschen aufgebaut hast, indem du
deinen Leib, dein Gefühl, deine Phantasie deinem Geist
unterordnest (43).

- Der Nachen kann nicht schwimmen, wenn ein einziges Tau ihn noch am Ufer zurückhält.
Der „Fesselballon" kann sich nicht erheben, wenn
ein einziges Seil ihn noch am Boden festhält.
Du bist nicht „befreit", wenn du noch durch eine
unkontrollierte Bindung an eine einzige Sache oder an
eine einzige Person gebunden bist.

- Nicht die Dinge binden sich an dich, sondern du
bindest dich an die Dinge, du lieferst dich ihnen als
Sklave aus.

- Je mehr
    Spielzeug in deiner Truhe,
    „Geschäfte" in deinem Büro,

43. Vgl. Der aufrechte Mensch. — Seite 23.

Wäsche in deinem Kasten,
Schallplatten in deinem Plattenschrank,
Pferdekräfte in deinem Wagen,
Geld in deiner Brieftasche du hast,
um so schwerer wird es dir fallen, ein freier Mensch
zu sein, weil du mehr Gelegenheiten hast, „gebunden"
zu sein.

- Dich lösen heißt, dich frei machen.

- Frei sein bedeutet nicht, indifferent sein. Es ist
natürlich, daß du Gefallen an etwas findest, daß du
eine Empfindung hast, daß du prüfst, daß du Dingen
und Menschen gegenüber deine Freude bekundest; aber
alle anziehenden Dinge, die Freuden oder die Leiden,
dürfen deinen Verstand bei der Wahl des Weges nicht
verwirren, dürfen deinen Willen bei der Entscheidung
über den einzuschlagenden Weg nicht zwingen.

- Was helfen dir deine flinken Beine, wenn du nicht
weißt, wohin du gehen sollst?
Was nützt das Baumaterial, wenn du nicht weißt,
welches Haus du bauen willst?
Was nützt dir dein Reichtum an Liebe, wenn du
nicht weißt, wem du sie schenken sollst?
Was nützen dir deine Siege über deine Erbanlagen,
dein Unterbewußtsein, dein Unbewußtes, deine Gewohnheiten, einen inneren und äußeren Zwang; was
nützen dir deine Selbstbeherrschung, deine Bereitschaft,
deine völlige Freiheit,
wenn du nicht weißt, in welchem Sinne und zu welchem Ziel du von der so erworbenen Freiheit Gebrauch
machen sollst?

- Wenn du frei bist und weißt nicht wozu, dann bist du nicht wirklich frei, sondern du bist zur Unentschiedenheit, zur Unselbständigkeit und vielleicht sogar zur Angst verdammt.

- Die wahre Freiheit besteht darin, daß es dir gegeben ist, wenn du dich einmal losgelöst hast und Herr über dich geworden bist, *den Weg des GUTEN zu wählen und auf ihm immer weiter zu schreiten ohne Irrtum und ohne Fehltritt.*

- Wenn du echt frei sein willst, dann mußt du den Plan des Vaters mit der Welt, das unendliche Verlangen des Vaters nach dir anerkennen; dann mußt du, wenn du einmal gesammelt, entschlossen, bereit bist, in Freiheit daran festhalten durch ein Ja der Liebe, das ein Ja der innigsten Verbindung mit Jesus Christus ist.

- Wenn du den Willen deines Instinktes tust, hast du die Freiheit eines Tieres.
Wenn du den Willen deines Gefühles, deiner Phantasie, deines Geistes, deines Stolzes, deines Egoismus... tust, hast du die Freiheit eines durch die Sünde verwundeten und begrenzten Menschen.
Wenn du den Willen Gottes tust, hast du die Freiheit eines vergöttlichten Menschen, die Freiheit eines *Gotteskindes.*

- Die Qualität deiner Freiheit nimmt zu mit der Qualität des Willens, dem du anhängst.

- Deine Kraft der Anhänglichkeit an den Willen des Vaters ist das Maß für die Stufe der Freiheit.

- Die Zerrbilder der Freiheit: Unabhängigkeit, Möglichkeit, alle seine Instinkte, seine Wünsche, seine Launen zu befriedigen, werden durch den Gehorsam eingeschränkt: denn

die wahre Freiheit entfaltet sich im Gehorsam gegenüber Gott, der sich durch die Vermittlung der Kirche, der Vorgesetzten, der täglichen Pflicht, der Geschehnisse hören läßt.

- Der echte Gehorsam setzt die wahre Freiheit voraus, aber die wahre Freiheit nährt sich ihrerseits vom Gehorsam.

- Wenn du in Christus wirklich frei bist, kann dich nichts aufhalten; denn die wahre Freiheit ermöglicht es dir, dich der rechtmäßigen Bindung zu unterwerfen, aber auch die unrechtmäßigen Bindungen und die unvermeidlichen Hindernisse so umzugestalten, daß sie ebenso viele Mittel werden zur Erringung deines *Zieles*.

- Weil Jesus Christus freiwillig gehorsam geworden ist bis zum Tode, hat Er für dich die wahre Freiheit verdient.

Wenn du mit Ihm der Sünde abstirbst, wirst du dich von der Versklavung befreien und mit Ihm auferstehen zum *Freien Leben*.

- Bei der Taufe hast du den Keim der Freiheit empfangen.

Durch das Sakrament der Buße wirst du neuerdings eingetaucht in die Taufgnade und findest die Freiheit wieder.

Jedesmal, wenn du der Sünde entsagst, jedesmal,

wenn du die Fessel alles dessen, was dich bindet, brichst, um dich mit Jesus Christus zu verbinden, entfaltest du in dir die wahre Freiheit.

- Du wirst endgültig frei sein, wenn du dich in der Liebe unwiderruflich mit deinem Befreier auf das innigste verbunden hast.

Wie viele Menschen ... wie viele Frauen sind ausschließlich mit ihrer Schönheit beschäftigt! Daß sie sich darum
kümmern, ist recht. Daß sie aber davon besessen sind, ist
anomal. Sie täuschen sich vor allem grundlegend über
die Natur der Sorgen, die der Schönheit des Leibes zu
schenken ist. Alle äußerlich angewandten Bemühungen um
Unterstreichung, Berichtigung und Erhöhung der Harmonie und Anmut des Leibes und besonders des Gesichtes
führen nur zu einem beschränkten Ergebnis. Echte Schönheit kommt aus dem Inneren, sie wird aus dem Geist geboren und entfaltet sich durch das Strahlen der vergöttlichten Seele. Diese Schönheit zieht an und beeindruckt die, die sie betrachten.

- Welches Rouge benützt du für die Lippen? Welches
Kopfwaschpulver für die Haare? Rasierst du dich lieber
mit dem Rasiermesser? Hast du an Gewicht verloren?
Bessert sich deine Linie? Welche Farbe paßt am besten
zu dir? ...
Du hast das Recht, dir diese Fragen zu stellen, wenn
du nicht von ihnen besessen bist; aber wenn du schön
sein willst, mußt du anderswo wirksamere Mittel für
die Schönheit suchen.

- Es ist gut, wenn du hübsche Teller zu deiner Verfügung hast. Aber was nützt der Teller, wenn nichts
darauf ist.

Es ist gut, wenn du einen schönen Rahmen für dein Bild besitzt; aber was nützt der Rahmen, wenn die Leinwand fehlt.

Es ist gut, wenn du das Zimmer mit einem herrlichen Luster schmückst; aber was nützt der Luster, wenn das Licht nicht angeschlossen ist.

Wenn dir Gott einen harmonischen Leib und ein hübsches Gesicht geschenkt hat, dann danke Ihm; aber was nützt dein Leib, wenn der Geist nicht in ihm lebt.

- Dein Leib ist dein Haus, du bist sein Eigentümer, aber du bist verantwortlich vor Gott. Gib dich nicht mit seinem äußeren Verputz zufrieden, sei auch um das Innere besorgt; denn der Blick des Herrn geht durch die Fassade hindurch.

- Tue alles, was geschehen muß, um die Sauberkeit und die Schönheit deines Leibes zu achten; tu es aber, um den anderen angenehm zu sein, um ihnen die Sicherheit einer friedvollen Kraft und die Anmut der Frische zu bieten.

- Je schöner der Weg ist, um so stärker ist die Versuchung, Rast zu machen, um sich an der Landschaft zu erfreuen, und dabei auf das Ziel der Reise zu vergessen.

Die Schönheit des Leibes ist ein Weg, der zur Schönheit der Seele führen soll, und die Schönheit der Seele ist ein Weg zu Gott. Bleib unterwegs nicht stehen, du würdest das Eigentliche verfehlen.

- Ein auf die Leinwand projiziertes Farbfoto ist prächtig, weil das Licht hindurchflutet; wenn es auf

Papier abgezogen wird, enttäuscht es, denn das Leben ist erloschen.

So mißt sich die Schönheit an der Intensität des Geistes, der die Materie durchdringt. Je tiefer er aufgenommen wird, um so strahlender wird die Materie.

Du sagst: Er hat die Hände eines Gewalttäters,
      eines Geizigen,
      eines Künstlers, eines Empfindsamen;
   er hat das Gesicht eines rohen Menschen,
   er hat ein ehrliches oder falsches Gesicht,
      ein offenes oder verschlossenes,
      ein feindseliges oder Güte strahlendes...
Du hast recht: Der Leib, die Hände, das Gesicht sind Zeichen des Geistes; dem, der sie zu lesen versteht, vermitteln sie die lebensvolle Beschreibung der Seele (44).

- Niemand kann der außerordentlichen „Formkraft" seiner Gedanken, seiner Regungen, seines ganzen inneren Lebens entgehen; denn die Seele ist ja die Form der menschlichen Zusammensetzung und gestaltet das

44. „Unsere physiologischen Gewohnheiten, ja sogar unsere häufigen Gedanken schaffen an unserer Gestalt. Die Form von Gesicht, Mund, Wangen, Augenlidern und alle anderen Gesichtszüge bestimmen sich durch die dauernde Beschaffenheit der flachen Muskeln, die sich in dem Fettgewebe unterhalb der Haut bewegen. Der Zustand dieser Muskeln hängt von unserer geistig-seelischen Verfassung ab ... Ganz unwissentlich modellieren sich unsere Züge nach und nach, wie es unserem geistigen Zustand entspricht. Mit fortschreitendem Alter werden sie immer trächtiger vom Empfinden, Begehren, inneren Anspruch des Menschen ..." (Alexis Carrel, Der Mensch, das unbekannte Wesen. Deutsche Verlagsanstalt, Stuttgart 1950. S. 98.)

Fleisch, wie das Genie des Künstlers sein Werk inspiriert und seine Hand führt.

Ob du willst oder nicht, du hast das Gesicht deiner Seele.

- Im Himmel wird unser verklärter Leib ohne Einschränkung die Schönheit unserer Seele haben.

- Die Frische des Kindes ist immer anziehend, mag es in Lumpen oder in feine Wäsche gehüllt sein, aber es ist eine mühelose Schönheit, die Schönheit der unverbrauchten Seelen.

Die Schönheit des Greises ist immer eindrucksvoll und beruhigend; denn sie ist wirklich die Schönheit einer Seele, die hindurchstrahlt durch das verwelkte Fleisch.

- Wenn du die „fleischliche" Schönheit in dir pflegst, wird sie begrenzt und bedrückend verwundbar sein. Wenn du deine Seele weiter und schöner machst, wird sich deine menschliche Schönheit bis ins Unendliche ausweiten können.

- Der Wurm in der schönen Frucht durchbohrt eines Tages die Schale, und die Fäulnis dringt von innen nach außen. Wenn das Böse sich in deinem Herzen einnistet, wird es bis in deinen Leib vordringen und sich über dein Gesicht ausbreiten.

Es gibt „fleischliche Schönheiten", sie rufen den Hunger des Leibes hervor, sie ziehen den Menschen, der sie begierig betrachtet, auf ihr Niveau herab und stürzen schließlich in Verzweiflung und Unerfülltheit.

118

Es gibt „Schönheiten des Teufels", sie verführen, nehmen gefangen und lösen den Krieg aus.

Es gibt „Schönheiten Christi", sie beruhigen, verleihen Sehnsucht nach Reinheit und führen sanft auf den Weg Gottes.

- Die höchste Schönheit erblüht, wenn die Gnade unbehindert eine Menschennatur durchdringt.

- Richte den Blick eines Père de Foucauld auf irgendein Gesicht, und mag es unschön sein, er wird es leuchten lassen in einer echten Schönheit.

- Durch eine besondere Gnade läßt Gott es manchmal zu, daß die Heiligen an ihrem eigenen Fleisch gewisse Züge Christi widerspiegeln; das Privileg aber, den Herrn auszustrahlen, ist nicht den Heiligen vorbehalten.

Wenn du aus Christus lebst, wird:
  dein Blick zu einem Blick Christi,
  dein Lächeln zu einem Lächeln Christi,
  dein Antlitz zu einem Antlitz Christi.

- Wenn du schön sein willst, verweile:
  eine Minute vor deinem Spiegel,
  fünf Minuten vor deiner Seele,
  fünfzehn Minuten vor deinem Gott.

Die Geschäftigkeit ist eine der großen Plagen der modernen Welt. Der Mensch hat zuviel zu tun, und er möchte alles tun. Weil er nicht Zeit hat, um das zu können, tummelt er sich, rennt er, schwächt er sich, wird überreizt oder mutlos, und schließlich wird er unerträglich, ermüdet sich, verkürzt sein Leben, tut nicht, was er tun möchte, und tut das, was er tut, nur halb. Das ist schlimm. Hier muß Abhilfe geschaffen werden. Ein bißchen Selbstbeherrschung, Organisation und eine Lebensanschauung aus dem Glauben können hier helfen.

- Ich bin überlastet!...
   Niemals davon reden.
   Niemals davon reden lassen.
   Niemals daran denken,
      du könntest es glauben, und das wäre ein
   Unglück.

- Die bedeutenden Menschen leisten in einer zehnmal kürzeren Zeit zehnmal mehr Arbeit als wir. Warum? Sie können richtig einteilen; sie beschützen und verteidigen ihre Ruhe — oder sie sind imstande, sie wiederzugewinnen; sie widmen sich jeder Aufgabe ganz.

- Schreibe nicht: Ich habe keine Minute für mich, ich schreibe Dir nur ein paar Worte... ich würde gern... usw.... Schreibe sofort diese paar Worte, ganz einfach; du wirst Zeit gewinnen und deine Ruhe bewahren.

- Sage nicht zum Besucher: „Ich habe nur einen Augenblick Zeit für dich, ich biete dir erst gar keinen Stuhl an..." usw., und laß ihn nicht eine Viertelstunde warten, während du etwas anderes tust. Laß ihn Platz nehmen und schenke ihm zehn Minuten Aufmerksamkeit, in aller Ruhe. Gib ihm so den Eindruck, daß dein ganzer Tag ihm gehört.

- Du wirst um ein Zusammentreffen gebeten? Fange nicht mit Einwänden an: es ist unmöglich, ich bin beschäftigt... usw...., um schließlich doch einen Zeitpunkt anzugeben. Sage lächelnd: aber ja, gern, und gib den ersten freien Termin an, auch wenn er noch in der Ferne liegt.
Wenn dir mehrere Male gesagt wird: Ich habe nicht gewagt, Sie damals zu belästigen, denn Sie schienen sehr bedrängt, dann ist das eine ernste Sache; denn viele andere sind gekommen und wieder gegangen und haben das nicht gesagt. Und gerade an diesem Tag hatten sie dich vielleicht nötig.

- Man hat kein Vertrauen zu einem gehetzten Menschen, denn man errät, daß man bei ihm keine Aufnahme findet: er läuft über!
Wenn du brüderlich leben willst, halte die Türe bei dir immer offen und ein oder zwei Gastzimmer frei, um den Vorübergehenden aufzunehmen.

- Du hast viel Zeit zu deiner Verfügung, aber du verbringst deine Zeit, um deine Zeit zu vergeuden.

- Du wirst nie die Zeit gewinnen, mehrere Dinge auf einmal zu tun. Wenn du bei Tisch zum Trinken einschenkst, füllst du ein Glas nach dem anderen. Im Leben muß man jede Minute der Reihe nach ausfüllen; sonst werden gewisse Augenblicke überlaufen, während andere leer bleiben.

- Sag es dir unaufhörlich vor: Im Augenblick
habe ich nur einen Menschen zu empfangen, den, der gerade da ist;
habe ich nur einen Brief zu schreiben, den, den ich gerade schreibe;
habe ich nur eine Sache zu tun, die, die ich jetzt tue;
so wirst du viel schneller, viel besser und mit viel weniger Ermüdung handeln.

- Schlafen und sich entspannen ist keine verlorene Zeit, sondern Zeitgewinn. Jeder hat einen verschiedenen Appetit. Du mußt dich kennen und dir genau zuerkennen, was du brauchst, um dein Gleichgewicht und deine Ruhe zu bewahren.
Nimm nicht zuwenig, sonst wirst du unterernährt.
Nimm nicht zuviel, sonst wirst du ein Schlemmer.
Und wenn du trotzdem mit Arbeit überhäuft bist? Schenke deinen Schlaf oder deine Erholung dem Herrn und ruhe in Frieden, du verlierst deine Zeit nicht.

- Die Zeit ist ein schönes Geschenk, das Gott uns macht. Er wird darüber von uns genaue Rechenschaft verlangen. Aber beruhige dich, Gott ist kein böser Vater. Er gibt keine Arbeit ohne die Möglichkeit zu ihrer Verwirklichung. *Man hat immer die entsprechende Zeit, um das zu tun, was Gott uns tun heißt.*

- Wenn es dir an Zeit mangelt, um alles zu leisten, halte ein paar Augenblicke ein und bete. Dann teile deine Zeit unter den Augen Gottes ein. Was du ehrlicherweise nicht erfüllen kannst, das lasse, selbst wenn die Menschen darauf bestehen und es nicht begreifen; *denn Er, Gott, befiehlt dir nicht, es zu tun.* Du hast daher nie *zuviel* Arbeit zu leisten.

- Wenn du erkannt hast, was Gott von dir zu sehen verlangt, dann laß alles andere und wirf dich ganz auf diese Aufgabe; Gott wartet dort auf dich, jetzt und genau dort, und *nirgends sonst* (45).

45. Vgl. Sich konzentrieren können. — Seite 134.
„Sein Leben leben" oder die Treue zum gegenwärtigen Augenblick. — Seite 143.

Der moderne Mensch richtet sich allzuoft zugrunde, weil
er keine Muße mehr hat oder nicht mehr versteht, sich
Muße zu gönnen, um zu rasten, sich zu prüfen und *sich
selber kennenzulernen.* Weil er sonst abdanken müßte, wagt
er gar nicht mehr, sich zu sammeln, denn er würde unbarm-
herzig auf die Verantwortungen verwiesen, die ihm Furcht
einflößen. Die Hasterei vermittelt ihm den Eindruck, zu
leben. In Wirklichkeit betäubt er sich, flieht er vor sich
selbst und verurteilt sich zu einem instinkthaften Leben.
Er ist kein Mensch mehr, sondern ein Tier. Die Bereitschaft zum Innehalten ist der erste Schritt, der es ihm ermöglichen wird, sich selbst wieder in Ordnung zu bringen.

- Wenn du dein Fahrzeug ständig sehr schnell „jagst",
wirst du den Motor ermüden.

Wenn du unaufhörlich „unter Druck" stehst, werden
dein Leib und dein Geist zu früh verbraucht sein.

- Weil du immer rennst, wirst du niemandem mehr
begegnen, und was noch bedeutungsvoller ist, du wirst
dir selber nicht mehr begegnen.

- Wenn du das Tiefste in dir ergreifen willst, mußt
du eine Pause machen können.

- Wenn du stehend ißt, verdaust du schlecht.
Setz dich.

Wenn du im Laufen denkst, überlegst du schlecht. Setz dich.

- Warte nicht, bis Gott dich anhält, um zu erfahren, daß du lebst. Es wird zu spät sein, du wirst keine Verdienste mehr sammeln können.

- Der durch seine Schüler zum Überlaufen gebrachte Lehrer möchte seiner Klasse entfliehen.

Die Haushälterin, die „alles laufen ließ", ekelt sich vor ihrem Haushalt.

Der Mensch, der sich nicht beherrscht, „läßt sich gehen", er geht an seiner Tür vorbei, ohne noch zu wagen, nach Hause zu kommen.

- Wenn du mit deiner Miete im Rückstand bist, hast du kein Verlangen, deinem Hausherrn zu begegnen.

Wenn du aus Nachlässigkeit deinen Freund seit sehr langer Zeit nicht gesehen hast, schämst du dich und hast Hemmungen, ihn zu besuchen.

Wenn du Furcht hast, eine Pause zu machen, so deshalb, weil du Furcht hast, dir zu begegnen, und wenn du Furcht hast, dir zu begegnen, so deshalb, weil du nicht mehr an dich gewöhnt bist, dich nicht mehr kennst, deine Vorwürfe und deine Forderungen fürchtest.

- Du hast keine Zeit, um eine Pause zu machen? Sei ehrlich, es gibt Augenblicke der Leere in deinen Geschäftigkeiten. Reiße dich nicht darum, sie mit Lärm zu erfüllen, mit einer Zeitung, mit einem Tratsch, mit einem Dabeisein...

Wenn du beim Friseur wartest, stürze dich nicht auf eine Illustrierte. Halte ein.

Du bist im Autobus, eingezwängt in die Menge, eingeschläfert durch den anonymen Lärm. Höre auf zu träumen.

Das Frühstück ist nicht fertig. Geh nicht wieder auf „eine Minute" hinaus, um einen Kameraden zu treffen. Bleibe da.

Du genießt die Wohltat eines stillen Augenblicks. Lege keine Schallplatte auf. Bleibe still...

- Wenn der Schwimmer das Haupt hebt, dann tut er es, um „Luft zu schnappen".

Wenn der Autofahrer vor der Tankstelle stehenbleibt, dann tut er es, um zu tanken.

Wenn du in der Geschäftigkeit innehältst, dann tue es, um dich zu erkennen, alle deine Kräfte zu sammeln, sie zu ordnen und auszurichten (46). So kannst du dich uneingeschränkt im Leben einsetzen.

- Bereit sein zu rasten heißt, bereit sein sich zu prüfen; und sich prüfen wollen heißt bereits, sich einsetzen; denn es bedeutet, den Geist in das Innere seines Hauses eindringen lassen.

- Du wirst dich nur im Lichte Gottes völlig erkennen und verstehen.

Du wirst nur im Verein mit dem Wirken Gottes erfolgreich handeln.

Wenn du zu einer Begegnung mit dir selbst bereit bist, sei zugleich auch zu einer Begegnung mit dem Herrn bereit.

46. Der atomisierte oder der einheitliche und personalisierte Mensch. — Seite 36.

- Ergreife im Laufe deiner Tage alle Gelegenheiten, die das Leben dir bietet, um wieder zu dir zu kommen und Gemeinschaft zu haben mit Gott:

das Warten auf den Autobus,

die Zeit, die dein Motor zum Warmwerden braucht,

die Minuten beim Eierkochen,

die Milch, die kurz vor dem Kochen steht,

das Fläschchen für das Baby, das zu heiß ist,

das Telefon, das besetzt ist,

das rote Verkehrslicht, das zum Halten zwingt...

„Schlage die Zeit nicht tot", so kurz sie sein mag, sie ist von der Vorsehung gegeben, der Herr ist in ihr anwesend. Er lädt dich ein zum Nachdenken und zur Entscheidung, damit du mehr Mensch wirst!

Der Mensch muß mal eine Pause machen, er muß diese Pause aber auch nützlich anwenden; er braucht sie, um zu überlegen und zu entscheiden.

Der moderne, geschlagene und veräußerlichte Mensch wird immer unpersönlicher. Automatisches Handeln nimmt in ihm die Stelle der freien Entscheidung ein. Er unterwirft sich ihm bedenkenlos, weil es dabei ohne Mühe abgeht. Man muß die Menschen sich selbst wieder zuführen, indem man ihnen das Bewußtsein für ihre Verantwortlichkeiten gibt. Weil sie Menschen sind, müssen sie ihr Leben voll auf sich nehmen; sie werden es tun, wenn sie nicht nur stillzuhalten, sondern auch nachzudenken, zu urteilen und zu entscheiden wissen.

Der Christ kann sich nicht damit zufriedengeben, einfachhin nur als Mensch zu leben; er ist ja durch den Glauben erleuchtet, wenn er seinen Blick auf das Leben richtet, urteilt und sich einsetzt. Dieses Verhalten wird später beschrieben werden in den Kapiteln: „Das wahre Ausmaß des Geschehens" und „Die Revision des Lebens". Wenn wir die menschliche und die christliche Haltung getrennt betrachtet haben, so deshalb, um die Notwendigkeit der Überlegung und der Entscheidung auf dem rein natürlichen Gebiet klarer aufzuzeigen. Muß es noch einmal gesagt werden, daß es für den Christen keine zwei verschiedenen Ebenen gibt: Augenblicke, in denen er als Mensch, und Augenblicke, in denen er als Christ lebt? Von seiner Taufe an, und wenn er sein Christentum leben will, ist sein ganzes Leben, welches ein Leben in Christus sein muß, das Leben eines vergöttlichten Menschen!

- Du rennst durch das Leben, aber das Leben rennt um dich herum, und ihr begegnet euch nie von Angesicht zu Angesicht.

Da das Leben stärker ist als du, packt es dich, und du folgst, du nimmst es ohne jede Reaktion auf dich.

Oft erträgst du deine Arbeit:

man muß halt seinen Lebensunterhalt verdienen.

Du erträgst die Zeit der Erholung:

man muß sich „zerstreuen".

Du erträgst deine Umgebung:

das ist so üblich, jeder macht es so.

Du erträgst deine Familie:

ich habe sie nicht ausgesucht.

Du erträgst dein Heim, deine Frau, deinen Gatten, deine Kinder:

ich hab' sie ja gern, aber oftmals leide ich an ihnen, das ist eben so.

Du erträgst die Moral:

man muß so handeln; das tut man nicht.

Du erträgst deine Religion:

die Eltern haben mir „gute Grundsätze" mitgegeben, es ist kein Grund, sich davon zu trennen.

Du erträgst dich:

du handelst aus Verblendung, dein Gefühl treibt dich, eine fixe Idee...

du handelst aus Leidenschaft; die Sinnlichkeit, der Stolz, die Eifersucht erteilen dir Befehle...

Wenn das Leben über dich Macht hat, ohne daß du über das Leben Macht hast, bist du kein reifer Mensch.

- Oft, wenn du das Leben nicht erträgst, versuchst du, ihm zu entfliehen.

Du nimmst die Wirklichkeit nicht an, du träumst,
   um dir zu entgehen;
du nimmst deine eigenen Grenzen nicht an (47);
du nimmst die Niederlagen nicht an (es sind die
   Grenzen, die dir das Leben auferlegt);
du erträgst die anderen um dich herum nicht.
Wenn du der Wirklichkeit nicht ins Auge schaust,
wenn du dich über sie hinwegtäuschst, oder wenn du
fortgehst, statt ihr ins Gesicht zu schauen und dich
ihrer zu bedienen, bist du kein reifer Mensch.

- Oft bist du zwar gezwungen, das Leben anzunehmen, das sich dir darbietet, aber du erkennst nicht die
Verantwortung für deine Handlungen:
   Ich bin da sehr verpflichtet;
   ich kann nicht anders handeln;
   das ist nicht mein Fehler.
Wenn du nicht fähig bist, die Verantwortung für
alle deine Handlungen auf dich zu nehmen, bist du
vielleicht ein Kind, aber kein erwachsener Mensch.

- Du wirst völlig erwachsen sein, wenn du dich entschieden hast, regelmäßig eine Pause zu machen, um
dein Leben ehrlich zu *betrachten,* es mit den Augen deines
Geistes *zu beurteilen* und dann zu *entscheiden,* es frei zu
leben.

- Der Maler hält im Malen inne und tritt zurück,
um seine Leinwand zu betrachten.
Höre mit der Geschäftigkeit auf und ziehe dich zurück, um dein Leben zu überblicken.

47. Wann wirst du dich endlich ertragen? — Seite 89.

- Sei nicht bereit, selbst den kleinsten Augenblick zu leben, ohne zu wissen, warum du ihn lebst, ohne entschieden zu haben, wie du ihn leben wirst.

- Über sein Leben nachdenken heißt, es in Besitz nehmen. Dein ganzes Leben muß in Wahrheit „*dein*" Leben werden.

- Sein Leben leben heißt nicht notwendig, anders handeln als jeder andere (48), es heißt im Gegenteil oft wie jedermann handeln, aber weil man begriffen hat, daß man es tun mußte, und weil man beschlossen hat, es zu tun.

- Selbst wenn du gezwungen bist, dieses oder jenes zu tun: in der Schule stillzusitzen, auf die Minute genau in der Fabrik zu sein, dem Vorgesetzten zu gehorchen..., halte ein, überlege, und nimm diese Verpflichtung auf deine Rechnung.

- Alles, was du lebst, weil die Menschen, die Vorschriften, die Ereignisse es dir von außen auferlegen, ist Dressur; vielleicht sogar Sklaverei.
Wenn du deine Handlung entscheidest, oder wenn du *bewußt annimmst,* was man dir vorsetzt oder auferlegt, handelst du als Mensch.

- Nur die Handlungen, die du als Mensch tust, lassen dich wachsen, bringen dich zur Entfaltung und lassen dich mehr Mensch werden.

48. Das ist die Einstellung des jungen Menschen, der so seine Persönlichkeit zu behaupten versucht.

- Wende die Überlegung und persönliche Entscheidung auch dort an, wo es nur instinktive Reaktion, Mitgehen mit der Umgebung, Resignation gibt...

Die Mode schreibt es vor!

Jeder tut das!

Vielleicht, du aber fälle ein persönliches Urteil.

Du findest diesen Film gut, weil die Kritiken es gesagt haben.

Du liest dieses Buch, weil es einen Literaturpreis bekommen hat.

Du hörst diese Radiosendung, weil sie allen gefällt.

Du glaubst dem Zeitungsherausgeber, weil er die Ereignisse an deiner Stelle beurteilt.

Du liest den „Digest", weil die Auswahl schon getroffen ist...

Halte ein, urteile und entscheide selbst!

- Das Essen bekommt dir gut, wenn du es kaust.

Dein ganzes Leben wird dich bereichern, wenn du persönlich darüber nachdenkst.

- Je langsamer das Wasser durch die Kaffeemaschine rinnt, desto besser wird der Kaffee.

Nimm dir die Zeit und lasse dein Leben durch den Filter deines Geistes und deines Bewußtseins passieren, und dein Leben wird erfolgreich sein.

- Wenn du persönlicher lebst, wirst du immer weniger ein Individuum und immer mehr eine *Person*.

- Wenn du einem anderen über einen Film, einen Artikel, einen Menschen nachdenken hilfst...

wenn du ihm hilfst, eine konkrete Situation, ein Ereignis, das ihn berührt, zu erkennen...

wenn du ihm hilfst, bei einem bestimmten Umstand seines Lebens intensiver dabei zu sein, machst du ihn wachsen, entfaltest du ihn und führst ihn zu Gott; denn jede Bemühung des Menschen, mehr Mensch zu werden, bringt ihn dem Vater näher, der ihn völlig *bewußt und frei* haben will.

- Wenn du dich durch die Überlegung, die Entscheidung und die bewußte Tat allmählich darauf trainierst, nicht mehr als Automat zu leben, nicht mehr instinktiv oder gefühlsmäßig, sondern als reifer Mensch, dann bleibe nicht auf dem Weg stehen, wachse weiter bis zur vollen Entfaltung; der Vater lädt dich ein, als *Kind Gottes* zu leben.

- Wenn du als Kind Gottes leben willst, mußt du dein Leben sehen, wie Gott es sieht, es beurteilen, wie Er es beurteilt, und dich einsetzen, wie Er es wünscht; aber du brauchst, um das zu erreichen, ein anderes Licht als das natürliche Licht deines Geistes. Du mußt „dein Leben revidieren" im Lichte des Glaubens.

Manche Menschen leisten in einer Stunde die Arbeit, zu der andere vier Stunden brauchen; lösen ein Problem, treffen eine Entscheidung, überwinden ein Hindernis in ein paar Minuten, während andere tagelang Ausflüchte suchen. Manche legen einen Gegenstand klar dar, schreiben einem Freund nur wesentliche Dinge, finden in ein paar Augenblicken engen Kontakt, während andere mehrere Stunden brauchen, um halbwegs einen Erfolg zu haben; manche vermögen unvermittelt zu beten, andere können sich nicht „sammeln". Einer der Gründe hiefür ist, daß gewisse Menschen sich zu konzentrieren verstehen, um sich ganz und gar der Aufgabe des gegenwärtigen Augenblicks zu widmen, während andere aus chronischer Zerstreutheit unfähig sind, ihre undisziplinierten Kräfte zu ordnen und auszurichten. Der Mensch hat nur in dem Maß Erfolg, als er sich konzentrieren kann.

- Weil die Lupe imstande ist, das Licht und die Wärme der Sonne einzufangen und in einen einzigen Punkt zusammenzubinden, ist sie in der Lage, einen Brand zu entfachen.

Wenn du deine Kräfte zu sammeln verstehst, um sie in die Schlacht zu werfen, sobald die rechte Zeit und der rechte Ort für den Kampf gegeben sind, dann brauchst du, um zu siegen, nicht viele Truppen; es genügt, sie schnell und vollständig zu mobilisieren.

- Die Konzentration ist ihrem Wesen nach nicht eine

„Handlungsweise", sondern vor allem eine „Seins-
weise". Du wirst dich leicht konzentrieren können,
wenn du dein Leben in seiner Tiefe in vollkommene
Übereinstimmung gebracht hast (49).

- Weise zurück, was dich zerstreuen könnte.
Vermeide die Unordnung in deinem Schrank,
auf deinem Arbeitstisch, in deinem Beutel, in
deinen Taschen... das wird dir helfen, die
Unordnung deines Geistes zu vermeiden.
Tue nicht mehrere Dinge zugleich.
Nimm die Probleme schön der Reihe nach. Ziehe
deinen Akt aus dem Aktenschrank, wenn der
vorige geschlossen und geordnet ist. Öffne
ihn, wenn du wirklich die Absicht hast, nachzudenken oder das Problem zu regeln.

- Wirf nicht „einen raschen Blick" auf das Buch, die
Illustrierte, den Brief; lies ein Kapitel, einen Artikel,
schreibe den Brief oder lege das Ganze zur Seite. Wenn
du deine Aufmerksamkeit zerstückelst, wirst du sie
vergeuden und erschöpfen.

- Willst du gute Früchte ernten? Beschneide deinen
Baum.
Willst du schöne Blumen pflücken? Schneide früh-
zeitig ein paar Knospen ab.
Willst du Erfolg haben? Lerne dich einschränken;
wenn du alles tun willst, wirst du nichts ernstlich tun
können (50).

49. Vgl. Der atomisierte oder der einheitliche und personalisierte
Mensch. — Seite 36.
50. Vgl. Sich nicht überschwemmen lassen. — Seite 120.

- Wenn das Wasserleitungsrohr durchlöchert ist, wird das Wasser nur tropfenweise aus dem Wasserhahn fließen. Verschließ die Löcher, und es wird wieder normaler Druck herrschen.

Wenn du „stundenlang" träumst, verläßt du die Wirklichkeit.

Wenn du „kreuz und quer" daherredest, vergeudest du deine Gedanken.

Wenn du auf jedes „Ja und Nein" reagierst, erschöpfst du deine Kräfte.

...Du wirst keinen „Druck" mehr zur Verfügung haben, wenn du ihn brauchst.

- Das Kind, dessen Pult mit Spielzeug angefüllt ist, dessen Taschen vollgefüllt sind mit Bonbons und dessen Kopf voller Geschichten ist, kann seine Schulaufgaben nicht ordentlich machen.

Wenn du in dir und für dich allein Freuden und Leiden, Wünsche und Träume hegen willst... sei es, was es sei, wirst du zerspalten sein und wirst dich nicht konzentrieren können.

- Du kannst nicht verhindern, daß du träumst?
Du kannst dich nicht zurückhalten zu reden?
Du kannst deine Erregung nicht beherrschen?
Du hast recht; es geht nicht darum, das Leben zu ersticken, sondern sich seiner zur rechten Zeit und auf die rechte Weise zu bedienen. Zerstöre nichts, stelle alles an den rechten Platz und in die rechte Ordnung, damit du es wiederfinden kannst.

Wie? Indem du alles gelassen Gott schenkst.

- Was in dir ist, stellt eine lebendige Kraft dar:

Dein Geist, deine Gedanken, deine Phantasie,
dein Empfinden, deine Wünsche, deine Impulse,
    deine Gefühle,
deine Zuneigung, deine Abneigung,
deine Begeisterung, deine Mutlosigkeit,
selbst deine Versuchungen...
aber diese bestürzenden Kräfte, die nach allen Richtungen auseinanderstreben, sind oft falsch ausgerichtet oder verpuffen nutzlos. Wenn du dich ihrer recht bedienen willst, mußt du zuerst *alles* mit ganzem Vertrauen Gott überlassen. Wenn du nichts mehr zurückbehältst, wird alles gut für dich ausgehen; denn Gott wird dich im rechten Augenblick mit dem ausstatten, was du für die gegenwärtige Aufgabe brauchst.

- Sich konzentrieren heißt nicht, hinter allem, was in dir wimmelt, her sein, um es mit Gewalt unbeweglich und verfügbar zu halten, sondern vor allem einen Leerraum schaffen..., indem du alles hergibst.

- Um den Leerraum zu schaffen, entspanne dich: deinen Leib, deine Muskeln, deine Nerven; dann schenke alle deine Fähigkeiten dem Vater. Schau auf Ihn, laß dich anschauen, und dann setze dich für deine augenblickliche Aufgabe ein.

- Jeden Tag mußt du dir so ein paar Augenblicke der Sammlung und des Schweigens vorbehalten, in denen du dich Gott schenkst. Während des Tages, besonders wenn du unruhig, gehetzt und überlastet bist, wiederhole deine Hingabe in einer Sekunde der Liebe, und du wirst voll über dich verfügen und mit Erfolg dich einsetzen.

- Wenn du „mit Widerwillen" handelst,
wenn du deine Arbeit wie einen „Frondienst" erfüllst,
wenn du lebst, „weil man es halt muß",
dann werden deine Tätigkeit, deine Arbeit, dein Leben
von außen her auferlegt und Sklavendienst sein. Wenn
du aber jede deiner Tätigkeiten annimmst, wirst du
von innen nach außen handeln, und du wirst ein freier,
zur Sammlung geeigneter Mensch sein.

- Wenn du jede deiner Tätigkeiten annimmst, so
heißt das, daß du dir vor jeder noch so kleinen Handlung sagst:

> Je mehr ich mich konzentriere, um so wertvoller
> werde ich, weil ich auf diese Weise richtig
> handle.
>
> Ich bin nicht allein, sondern auf einem riesigen
> Bauplatz, wo alle anderen diese Geste, dieses
> Wort, diesen Kontakt brauchen; mit allen
> baue ich die Welt, einige ich die Menschheit
> und rette ich sie.
>
> Warum soll ich auf die äußere Bedeutung meines
> Werkes achten, weil ich es leisten muß; es
> zählt allein die Tiefe meiner Liebe.

Inmitten dieser Tätigkeit ist Gott bereits am Werk.
Er ist mir begegnet. Nun wird der Frondienst verwandelt in ein gewaltiges Werk, und du wirst nicht
mehr aufgespalten und zerstreut, sondern intensiv anwesend sein.

Manche Menschen mißtrauen der Tat. Andere stürzen sich auf sie ohne Überlegung und ohne Liebe.

Gott hat uns nicht auf die Erde gesetzt, um auf ihr möglichst faul zu leben. Wer immer wir auch sein mögen, Er lädt uns zum Tätigsein ein, damit wir uns selber vollenden und das Reich Gottes zugleich mit dem Reich der Menschen erbauen. Aber es gibt verschiedene Qualitäten der Tätigkeit. Das Tier ist tätig, der Mensch ist tätig, und ebenso der Christ. Die Tätigkeit kann nur dann ihre volle Wirkkraft entfalten, wenn sie zur Tat Jesu Christi wird.

– Es ist leicht, ein Haus abzureißen, schwieriger ist es, eines aufzubauen.

Es ist leicht zu kritisieren, schwieriger ist es zu handeln.

Wenn du deine ganze Zeit damit verbringst, immer nur zu kritisieren, wird dir zum Handeln keine Zeit mehr bleiben.

– Es ist leicht, Pläne zu entwerfen, aber es ist schwierig, sie zu verwirklichen.

Wenn man den Menschen Obdach gewähren will, ist ein altes Haus, das tatsächlich steht, besser als Paläste, die nur projektiert sind.

Deine guten Absichten nützen nichts, wenn sie nicht in die Tat umgesetzt werden.

- Weil du nicht viel tun kannst, tust du manchmal nichts. Es wäre besser, wenn du ein Weniges tätest.

- Das Glied, dessen man sich nicht mehr bedient, verkümmert.
Der Mensch, der nicht tätig ist, macht nicht nur keine Fortschritte mehr, sondern er geht den Krebsgang.
Du kannst dich nur vollenden, wenn du wirklich etwas tust.

- Schau dir die Menschen rings um dich an. Sie geben sich viel Mühe, sie vergeuden ihre Kräfte, sie reden, sie reagieren, sie schlagen sich und schließlich verlieren sie den Mut; denn das Ergebnis ist im Vergleich zu ihren Anstrengungen bedeutungslos.
Nicht die Intensität der Bewegung gibt deiner Handlung Wirkkraft, sondern das Gewicht des Geistes, den sie dank deiner Bemühung in sich trägt.

- Manche Menschen werden in kurzer Zeit
    mit geringem Aufwand,
    mit geringer Tätigkeit viel erreichen.
Andere werden mit mehr Zeit,
    mit größerem Aufwand,
    mit größerer Tätigkeit sehr wenig erreichen.
Der ganze Unterschied liegt in der Qualität „der Seele" der Handelnden.

- Das Handeln des Tieres entspringt dem Instinkt.
Das Handeln des Menschen kommt aus der Überlegung.
Das Handeln des Christen muß aus dem Glauben gelebt werden.

Oft handelst du automatisch wie ein Tier; manchmal denkst du nach wie ein Mensch; selten handelst du aus dem Glauben wie ein Christ.

- Je mehr du deine Tat betrachtest und überlegst, um so mehr wirst du menschliche Person (51).
Je mehr du deine Tat aus dem Glauben lebst, um so mehr wirst du ein Kind Gottes (52).

- Du kannst den anderen helfen, Person zu werden,
    und dann Christ zu werden,
wenn du ihnen hilfst, Schritt für Schritt überzugehen von der Instinkthandlung zur überlegten Handlung und von da aus zum Handeln aus dem Glauben (53).

- Wenn du recht handeln willst, schau dir zunächst die Wirklichkeit an.
Menschlich gesehen, heißt das, weise sein: überlege genau die Umstände, stelle den präzisen Punkt fest, bei dem du dich einschalten mußt, überlege die einzusetzenden Kräfte...
Christlich gesehen, heißt das, der Täuschung entgehen: wenn du, vom Glauben geleitet, die „Wirklichkeit" befragst, wird dir Gott antworten und durch das konkrete Leben hindurch zum Handeln einladen.

- Im Glauben sich der Wirklichkeit unterwerfen heißt, sich Gott unterwerfen.

51. Vgl. Überlegen und Entscheiden machen den Menschen aus. — Seite 128.
52. Vgl. Die Revision des Lebens. — Seite 256.
53. Das ist der letzte Sinn der „Tätigkeit" in den Gliederungen der Katholischen Aktion.

- Du kannst nicht nüchtern und christlich handeln, wenn du nicht vorher im Glauben geschaut und geurteilt hast.

- Mit deinem Handeln mußt du den Plan des Vaters ins Werk setzen, nachdem du ihn durch einen ehrlichen Blick auf das Leben entziffert hast (54).

- Du willst wirksam sein,
du bist ungeduldig über den geringen Erfolg deiner Tätigkeit,
du leidest, wenn du all die Arbeit siehst, die sich dir anbietet,
du hörst den Anruf deiner Umgebung und der ganzen Menschheit...
Wenn du deinem Leben die höchste Wirksamkeit geben willst, tausche deinen begrenzten Willen gegen den unendlichen Willen Gottes ein; Er wird deine schwachen Kräfte gegen Seine unendliche Allmacht eintauschen.

- Gott schafft große Dinge mit dem, was klein ist.
Du selbst setzt deinem Erfolg Schranken, wenn du noch an deine eigene Macht glaubst.

- Wenn du zurücktrittst, wird Christus erscheinen und durch dich den Plan Seines Vaters vollenden können.

54. Vgl. Die Revision des Lebens. — Seite 256.

Die Menschen, besonders die jungen Leute, wollen „ihr
Leben leben". Grundsätzlich haben sie recht. Aber in der
Verwirklichung ihres Traumes täuschen sie sich sehr oft.
Manche geben sich Illusionen hin, sie leben nicht *ihr* Leben,
sondern *unterliegen* den Forderungen ihrer Instinkte oder
den vielfältigen Phantasien ihrer Wünsche. Andere sind
von der Vergangenheit enttäuscht; andere wieder sehen
sie unendlich verklärt. Und schließlich zittern manche vor
der Zukunft oder sie schreiben ihr eine magische Macht zu.
Alle vergessen, die Gegenwart zu leben. Es gibt nur ein
einziges Mittel, sein Leben nicht zu verfehlen, und es besteht darin, mit dem Einsatz seiner ganzen Persönlichkeit
den gegenwärtigen Augenblick zu leben und so Antwort
zu geben auf die unendliche Liebe, die in der Tiefe eines
jeden von ihnen einlädt.

- Die Menschen leben in voller Lebensfülle nur einige
Monate. Sie tändeln dahin im Ablauf ihrer Existenz
und finden sich, wenn sie Achtzig sind, wieder mit
dem Gewicht einiger Augenblicke ihres Lebens in der
hohlen Hand.
Warum willst du nicht *dein Leben leben?*

- Du meinst immer, daß das Leben für morgen da ist.
Man muß „für seine Zukunft sorgen": seine Prüfungen, seinen Beruf, sein Heim; dann für die Zukunft
seiner Kinder: ihre Prüfungen, ihre Berufe, ihre Heime;
dann für seine alten Tage: seinen Ruhestand, sein Haus.

Morgen werde ich tun...
Morgen werde ich haben...
Morgen werde ich sein...
Warum willst du auf morgen warten, um zu leben?
Eines Tages wird es für dich kein Morgen mehr geben,
und du wirst nicht gelebt haben.

- Du hängst dich an die Vergangenheit, sie scheint
dir wichtig, weil du sie gelebt hast. Aber das war
gestern, und heute hast du keine Gewalt mehr über sie.
Du wirst von der Zukunft verführt, denn du kannst
sie in der Phantasie nach deinem Geschmack gestalten;
aber sie existiert noch nicht und beschäftigt dich umsonst.
Die Gegenwart ist so klein, daß du ihr keinen Wert
beimißt; sie allein ist jedoch in deiner Macht, und dein
Leben besteht — Stück für Stück — nur aus gegenwärtigen Augenblicken.

- Du meinst, das Glück vor dir zu sehen, die Freude,
die Liebe, Gott. Das ist eine Täuschung. Du vergißt
tragischerweise, daß Gott neben dir steht, genau dort,
wo du bist, im gegenwärtigen Augenblick deines Lebens,
und daß Er alles in Seinen Händen hält und anbietet.

- Spiele nicht den ewigen Wanderer, der Gott am
Rande seines Weges stehenläßt, um seinem Bilde nach-
zulaufen.

- Der ruhelose Mensch schleppt seine Vergangenheit
mit sich und versucht, die Zukunft zugleich mit der
Gegenwart zu erfassen.
Der Aufgereizte will mehrere Augenblicke zugleich

leben. Der armselige Jongleur, er verfehlt alle und läuft hinter jedem von ihnen her.

Wenn du in deinem Leben Erfolg haben willst, lege die Vergangenheit in die Hände Gottes zurück, überlasse Ihm die Zukunft und lebe jeden Augenblick, wie er kommt, in der Fülle.

- Laß keine einzige Masche bei deiner Strickerei fallen, sonst bekommst du eine Laufmasche; denn wenn die Masche auch klein ist, so ist sie doch unbedingt notwendig.

Vernachlässige keinen einzigen Augenblick. Alle sind unendlich kostbar, um den Stoff deines Lebens lückenlos zu weben.

- Der jeweilige Augenblick ist leicht, er erdrückt dich nicht.

Er ist schmal und bietet der Unruhe keinen Platz.

Er geht schnell vorbei, er ermüdet dich nicht.

Er hat eine „menschliche Dimension", du kannst ihn ausrichten und ertragen; er allein ist lebendig, er gibt dir Nahrung; seine Tiefe ist unendlich, in ihm wohnt die Liebe.

- Wenn man die Vergangenheit nicht gelten läßt und sich aus Furcht weigert, an die Zukunft zu denken, so ist das Feigheit.

Wenn man die Vergangenheit nicht bedauert und sich vor der Zukunft nicht fürchtet aus Hingabe und Vertrauen auf Gott, dann ist das Liebe.

- Gott wartet im jeweiligen Augenblick auf dich. Wenn du dich dort einschalten läßt, wie der Steckkontakt in den Stromkreis, werden das göttliche Licht und seine Kraft hindurchgehen. Aber auf dem unermeßlichen Platz, wo du dich befindest, gibt es nur einen ganz schwachen, schwachen, schwachen Stromkreis.

- Der jeweilige Augenblick ist der Punkt, wo Gott in dein Leben und durch dich in das Leben der Welt eindringt. Aber er tritt nicht ohne deine freie Zustimmung ein.

- Wenn du zur Einladung Gottes, zur Botschaft jedes Augenblicks ja sagst, dann heißt das für dich, ganz anwesend sein.

- Wenn du zum gegenwärtigen Augenblick ja sagst, ermöglichst du die mystische Fleischwerdung des göttlichen Sohnes in dir.
Wenn du zur gegenwärtigen Arbeit ja sagst, ermöglichst du die Vollendung der Schöpfung im Sohn.
Wenn du ja sagst zur gegenwärtigen Anstrengung, ermöglichst du die Vollendung der Erlösung im Sohn.

- Der größte und der wirksamste „Einsatz" ist der Einsatz in der gegenwärtigen Minute; er verpflichtet dich, die Vergangenheit und die Zukunft vollkommen in die Hand Gottes zu legen und dich Ihm dann ganz zur Verfügung zu stellen. Wenn du darin getreu bist, wirst du dein Leben in der Fülle leben und ihm einen unendlichen Erfolg sichern.

DER MENSCH UND DIE ANDEREN

- Der andere ist der, dem du auf deinem Weg begegnest,
    der neben dir aufwächst;
    der neben dir arbeitet, sich freut oder weint;
    der neben dir liebt oder haßt;
    von dem du sagst: „Ich habe mein ganzes Augen-
        merk auf ihn gerichtet“, oder: „ich kann ihn
        nicht sehen“;
    von dem du nichts sagst, nichts denkst, weil du
        vorübergehst, ohne zu schauen, und weil du
        ihn nicht gesehen hast...

- Der andere ist der, mit dem du dich verbinden
mußt, um der „ganze“ Mensch, der „Bruder aller“ zu
werden;
    mit dem du dich verbinden mußt, damit du Erfolg
hast und dich mit der ganzen Menschheit rettest.

- Der andere ist der, mit dem du jeden Tag zusammen
arbeitest, um die Schöpfung und die Erlösung der Welt
zu vollenden.

- Der andere, das ist dein Nächster, den du aus deinem ganzen Herzen, mit allen deinen Kräften und aus
deiner ganzen Seele lieben mußt.

- Der andere ist der, vor dessen Angesicht du gerichtet werden wirst.

- Der andere ist der, der dich größer macht, er ist ein Geschenk der Liebe Christi.

- Der andere ist der Gesandte des Vaters, eine Frage der Liebe Christi.

- Durch den anderen drückt Gott sich aus,
  lädt Gott ein,
  macht Gott reich,
  mißt Gott unsere Liebe.

- Der andere ist dein tägliches Brot,
deine tägliche Hostie.

- *Der andere heißt Hans, Peter, Maria,*
Herr Maier und Frau Müller,
er wohnt im selben Haus wie du,
er arbeitet im selben Büro,
nimmt den gleichen Obus,
sitzt an deiner Seite im Kino...

- *Der andere heißt Jesus Christus.*
Jesus Christus bewohnt dasselbe Haus wie du,
Er arbeitet im selben Büro,
nimmt den gleichen Obus,
sitzt an deiner Seite im Kino...

  Der andere...!

MIT DEM ANDEREN IN KONTAKT TRETEN
HEISST, IHN IN SICH AUFNEHMEN

Die Menschen von heute wünschen als einzelne oder als Gruppe „Kontakt mit ihresgleichen".

„Kontakt nehmen" — „in Kontakt treten" mit einem bestimmten Menschen, einem bestimmten Milieu, einem bestimmten Lande, das ist ihr Bestreben. Manche sind der Meinung, daß es sich hiebei um eine Notwendigkeit handelt; andere meinen, daß es eine Verpflichtung sei. Wir sind der Auffassung, daß es sich um beides handelt. Um Notwendigkeit, weil der Mensch nicht mehr isoliert leben kann: es klingt banal, wenn man sagt, daß die Welt „zusammenschrumpft", und daß die Interessen aller, auch wenn sie räumlich und zeitlich weit auseinanderliegen, eng miteinander verbunden sind. Um Pflicht, weil der Mensch seine eigene Vollendung nicht finden kann, wenn er sich nicht mit allen anderen Menschen verbindet. Um Pflicht vor allem, weil alle durch Christus erlöst und in Ihm als Söhne desselben Vaters auch untereinander Brüder geworden sind. In dem Maße, als die modernen Mittel der Ortsveränderung und der Erkenntnis die Menschen einander näherbringen, müssen diese Menschen ihre Kontakte vermehren und vertiefen. Ist es aber so einfach, mit dem anderen Kontakt aufzunehmen?

- Weil sie vielen Menschen die Hand schütteln, weil sie ihnen auf die Schultern klopfen, weil sie ein Glas mit ihnen trinken, weil sie mit ihnen wohnen, reden und diskutieren, denken manche Leute: „Ich nehme in einem reichen Ausmaß Kontakt, ich kenne viele Leute." Sie täuschen sich; der Mensch kann inmitten einer Unzahl von sogenannten Beziehungen allein sein, wenn er seine Augen nicht weit geöffnet hält und das Herz nicht bereitmacht, um seine Nächsten zu sehen und aufzunehmen.

- Du wartest schon lange auf den Autobus. Er fährt vorbei... „besetzt". Ungeduld, Mutlosigkeit: „Das ist immer so bei dieser Linie!"
So verhält es sich mit manchen Menschen, es gibt nie Platz bei ihnen. Sie überschlagen die Haltestelle und fahren eilends mitten durch die Wartenden hindurch. Es ist krachend voll!
Fährst du nicht oft zu schnell auf deiner Linie und bist besetzt? Und doch wird niemand anderer als du an dieser Stelle und zu dieser Stunde halten, denn deine Linie ist die einzige und der Fahrplan ist genau.

- Wenn du dich zum Kontakt erziehen willst, übe dich zuerst im Schauen. Damit du schauen kannst, fahre langsam, mach dir die Mühe anzuhalten, und sei auf kluge Weise an allem interessiert, was dir eine bessere Kenntnis der Menschen vermittelt: ihr Berufs- und Familienleben, ihre Freizeit, ihr Viertel; ihr Geschmack, ihre Sehnsüchte, ihre Schwierigkeiten, ihre Kämpfe... Man muß einen Hunger nach Erkenntnis haben, um zu verstehen und zu lieben.

- Zur Festigung des Kontaktes genügt es nicht, den anderen wahrzunehmen. Man muß ihn aufnehmen. Eine viel schwerere Wohnungskrise als die äußere Wohnungsnot ist aber der große Mangel an Menschen, die innerlich für ihre Brüder aufgeschlossen sind.
Sei ein immer offenes Haus mit „freiem Eintritt":

Keine „bösen Hunde", die fernehalten: dein
Charakter, dein Stolz, dein Egoismus, deine
Eifersucht, deine Ironie, dein barsches Wesen,
dein Mangel an Zartgefühl. Damit der andere
sich nicht zurückzieht und sagt: „Ich habe es
nicht gewagt, ich hatte Angst, daß er mich
zum Teufel schickt, daß er sich über mich
lustig macht, daß er nicht versteht..."
Kein Warten, das unschlüssig macht: sei sofort
bereit (und sei es nur zu einem Händedruck
oder einem Lächeln, wenn du nicht Zeit hast,
einen Platz anzubieten; eine Minute voller
Aufmerksamkeit genügt, um den anderen „aufzunehmen").
Keine überflüssigen Möbel: die Wohnung sei leer,
verfügbar. Dränge deinen Geschmack, deine
Gedanken, deinen Gesichtspunkt nicht auf.
Keine Geschenke, die teuer sind: wenn du
irgend etwas anbietest, was immer es sei, dann
umsonst, und erwarte keine Gegengabe.
Keinen bindenden Pachtvertrag: man gehe ein
und aus, wie man will, ohne Formalität, ohne
Bindung.

- Wird dir Christus eines Tages sagen: „Hab Dank
für den Platz in der Herberge deines Herzens", oder:
„Wehe dir, ich habe in dir nicht einmal einen Stein gefunden, um mein Haupt darauf zur Ruhe zu legen!"?

- Wenn du den anderen bei dir aufnimmst, so tu es,
damit er sich ausruhen kann.
Du bist froh, wenn du am Bahnhof die Gepäckaufbewahrung findest und dein Gepäck nicht schleppen

mußt. Sei eine zuverlässige Gepäckaufbewahrung für die anderen. Sie mögen ihre zu schweren und sperrigen Gepäckstücke bei dir abstellen können und sich wieder unbeschwert auf ihren Weg machen.

- Du bist nicht in Kontakt mit allen Menschen neben dir, weil der Kontakt mehr ist als die Begegnung der Leiber; er besteht in der geheimnisvollen Übereinstimmung zwischen zwei Menschen, zwischen zwei Seelen.

- Der tiefe Wert eines Menschen wird unter anderem an seiner Kontaktfähigkeit gemessen, aber die Kontaktfähigkeit besteht ihrem Wesen nach nicht in einem Zusammenwirken von äußeren Qualitäten: Liebenswürdigkeit, Frohsinn, Ungezwungenheit des Wortes und der Geste...; sie ist auch nicht nur die Frucht von inneren Qualitäten: feines Empfinden, Sammlung und Aufmerksamkeit. Die Leichtigkeit im Kontaktnehmen erfreut sich der Wohltat aller dieser Qualitäten, aber sie sind nur die Vorstufen für die wahre Begegnung. Die Kontaktfähigkeit wird wesentlich am inneren Verzicht, am Leersein von sich selbst gemessen.

- Wenn du mit deinesgleichen Kontakt nehmen willst, schaffe den Leerraum in dir; aber du mußt damit einverstanden sein, daß die anderen kommen und ihn bevölkern. Schaffe die Stille in dir, aber du mußt zulassen, daß die anderen kommen und dort Lärm machen.

- Was wird dem anderen begegnen, wenn er bei dir eintritt? — Wenn er dank deiner Fürsorge sich von Angesicht zu Angesicht mit Gott findet, der in dir wohnt, wird er friedvoll und gestärkt, froh und lebendig **wieder** weggehen; denn im letzten Grund muß der echte Kontakt *die Gegenwart Christi vermitteln.*

- Triff dich jeden Morgen für ein paar Augenblicke mit dem Herrn und in Ihm nimm im Dunkel des Glaubens, ohne die Gesichter zu kennen, ohne die Worte zu hören, ohne die Hände zu berühren, alle auf, mit denen du in deinem Tagewerk Seite an Seite gehen wirst; in Ihm liebe sie, und dann mach dich in Frieden auf den Weg, bereit, mit einem reineren Blick, mit einem feineren Ohr die Einladungen Gottes zu hören, mit einem größeren und vor allem mehr bewohnten Herzen königlich aufzunehmen.

    - Es läutet.
    Es klopft.
    Leih mir den Hobel.
    Frau Maier, sind Sie da?
    Herr Müller, ein Wort bitte!
       Oder
    ein Buch, die Zeitung, das Radio, das Kino, ein
       Plakat.
       Oder
    ein Lächeln,
    ein Schweigen,
    ein verletzendes Wort,
    ein gesenktes Haupt.
    . . . .
    Es ist der Herr, der ein Zeichen gibt, es sind
       Einladungen zur Kontaktnahme.

MIT DEM ANDEREN REDEN
HEISST, ZUERST ZUHÖREN

Die Menschen haben das Bedürfnis, zu reden. Ihre Seele, voll von Sorgen, Langeweile oder Freude, sucht nach einem Ausdruck. Die Worte sind die Fahrzeuge der Seele und ermöglichen den Menschen, miteinander in Verbindung zu treten. Die Schweigsamen leiden oft sehr, weil sie sich nicht aussprechen können. Die Schüchternheit, die Furcht, nicht verstanden zu werden, das Fehlen von Menschen, die bereit sind, sie anzuhören, lähmt sie. Es sind tatsächlich wenige Menschen aufnahmebereite und beruhigende Partner für ihre Brüder, denn wenige Menschen vergessen sich vollständig, um den anderen anzuhören.

- Der Mensch hat das Bedürfnis, von sich zu reden, von sich zu erzählen, sich bedauern zu lassen, sich Mut zusprechen zu lassen, sich unterstützen zu lassen. Höre den anderen an, höre ihn immer wieder unermüdlich und geduldig an. Manche gehen zugrunde, weil sie nie jemandem begegnet sind, der ihnen die Hochachtung und die Liebe erwiesen hätte, sie anzuhören.

- Wenn du den Menschen, denen du begegnest, angenehm sein willst, rede mit ihnen über das, was sie interessiert, und nicht über das, was dich interessiert.

- Mit einem anderen reden heißt, zuerst hören, und wenige Menschen verstehen zu hören, denn wenige Menschen sind leer von sich, und ihr Ich macht Lärm.

156

„Aber ja, mein Herr, Sie brauchen gar nicht weiterzusprechen, das ist wie bei *mir*...“ Während der andere sprach, dachte er nur an sich selbst.

- Unterbrich nicht den anderen, um von dir zu reden. Laß ihn bis zum Schluß von sich erzählen. Wenn du in Versuchung kommst, von dir zu reden, geschieht es nicht, weil du an dich denkst? Und wenn du an dich denkst, bist du nicht mehr ganz für den anderen da.

- Wenn du von dir sprichst, dann soll das nur im Interesse des anderen geschehen, um ihn aufzuklären, um ihm Mut einzuflößen, um ihn reicher zu machen; nie aber, um dich hervorzukehren und den anderen zu verdunkeln, mutlos zu machen und in den Schatten zu drängen.

- Wenn der andere vor dir schweigt, achte sein Schweigen, dann verhilf ihm vorsichtig zum Sprechen. Frage ihn über sein Leben, seine Hauptsorgen, seine Wünsche, seinen Kummer; denn mit dem anderen sprechen heißt oft auch fragen.

- Gib acht, daß der andere nicht fortgeht, ehe er nicht alles gesagt hat, was er sagen wollte. Wenn er murmelt: „Ich habe ihn zu beschäftigt gefunden“, dann warst du nicht aufgeschlossen. Wenn er seufzt: „Ich habe nicht darauf bestanden, er schien abwesend“, dann warst du „woanders“. Wird er wiederkommen?

- Du bist unruhig, von zahllosen Sorgen befallen, und da kommt nun einer und wünscht dich zu sprechen. Nimm sanft deinen Unmut, deine schlechte Laune, deine Kraftlosigkeit, dein Geplagtsein und gib es dem Herrn (55). Fang so oft von vorne an, als es notwendig ist, und bald wirst du frei sein, um zu hören, aufzunehmen und in Verbindung zu treten.

- Komm dem anderen zuvor.

Um bei dir einzutreten, bedarf es einiger Schritte, reich ihm die Hand.

Um dieses Paket zu tragen, bedarf es einer Anstrengung, reich ihm die Hand.

Um es zu wagen, diese Wunde zu öffnen, darf man nicht zittern, reich ihm die Hand.

Die Hand reichen heißt lächeln, beim Arm nehmen heißt sagen: „...und Ihr Kleiner, wie geht's ihm?"

„...und diese Geschichte von damals, wie wurde sie geregelt?"

„...und dann... später, was ist denn passiert, Alter?..."

Und in jeden dieser kleinen Sätze lege dich ganz hinein, lege die ganze Liebe des Herrn hinein, der von Ewigkeit her einlädt.

- Wenn ein Abszeß reif ist, macht man ihn auf; nachher erst gibt man ein schmerzlinderndes Mittel darauf. Wenn der andere Schwierigkeiten hat, beeile dich nicht, ihm eine Lösung zu geben.

Hilf ihm mit Behutsamkeit, „den Abszeß zu öffnen". Es genügt dann ein schlichtes Wort der Freundschaft, ein Händedruck... als schmerzstillendes Mittel, *denn das Übel ist beseitigt.*

55. Vgl. Der Sorglose. — Seite 103.

- Wenn du zuzuhören verstehst, werden viele kommen, um sich auszusprechen. Sei aufmerksam, schweigsam, aufnahmebereit; vielleicht wird der andere, noch ehe du ein aufrichtendes Wort gesprochen hast, glücklich, befreit und in Klarheit fortgehen. Denn unbewußt hat er ja gar nicht einen Rat, ein Rezept für das Leben erwartet, sondern jemanden, dem er seine Last übergeben könnte.

- Wenn du antworten mußt, suche nicht nach Worten, während der andere redet; denn er braucht zuerst Aufmerksamkeit und dann erst Worte. Dabei vertraue auf den Heiligen Geist. Was innerlich berührt, ist nicht an erster Stelle die Frucht langen Überlegens, sondern die Frucht der Gnade.

- Ein echtes Zwiegespräch gibt es nur, wenn ein tiefes Schweigen in dir wohnt, ein religiöses Schweigen, um den anderen aufzunehmen; denn im anderen und durch den anderen kommt Gott zu dir, und nur der Glaube kann dich für das Zwiegespräch bereit machen.

Die Menschen verbringen viel Zeit mit Diskutieren, und
dabei verbrauchen sie eine Menge Argumente, Kraft-
reserven und Nerven.
Sie diskutieren überall: zu Hause, im Büro, in der Werk-
statt, im Autobus, auf der Terrasse des Cafés, in zahllosen Versammlungen, an Straßenecken und in Geschäften ... usw. Oft „erschöpfen" sie sich in Diskussionen,
verlieren ihre Kräfte, werden boshaft, verletzen sich,
spalten sich in Parteien, und nur selten lassen sie die *Wahrheit* siegen. Warum? Wenn wir ehrlich im Dienste der
Wahrheit stehen, wie können wir sie rings um uns verbreiten? Wie sollen wir „sein", damit unsere Diskussionen
Erfolg haben?

- Hast du bemerkt, daß nach vielen Diskussionen
jeder von der Debatte fortgeht, fester denn je überzeugt, daß er recht gehabt hat? Warum? Weil es nicht
um Argumente geht, sondern um die Menschen, die
hinter ihnen stehen. So ist eine Diskussion nicht bloß
ein Austausch von Gedanken und Urteilen, sondern
meistens ein Kampf zwischen zwei Menschen und besonders zwischen zwei Gefühlen.

- Denke in der Diskussion immer an den anderen.
Wenn du seine „Argumentation" fertigmachst, wenn
du „seine Schlußfolgerung umstößt", sage dir, daß du
in neun von zehn Fällen zugleich auch den Menschen

verletzt, der sie vorgebracht hat. Hast du gewonnen? Nein. Du trägst nur dazu bei, daß der andere sich selbst von dem überzeugt, dessen er vielleicht gar nicht so sicher war. Du zwingst ihn, neue und stärkere Argumente als die bisherigen zu finden. Aber du diskutierst noch immer, deine Logik ist unversöhnlich, du treibst ihn in seine letzte Verschanzung. Schließlich wird er zum Schweigen gezwungen. Bist du diesmal Sieger? Keineswegs. Du hast ihn innerlich nicht überzeugt. Im Gegenteil. Ganz leise wird der andere sich sagen: „Ja... aber", und ausgehend von diesem „Aber", wird dieses gedemütigte Innere heute oder morgen neue Argumente heranzubringen suchen.

- Du verletzt den anderen, wenn du in Bausch und Bogen verurteilst:

> „Deine Argumentation hält *absolut* nicht stand."
> „Du gehst *völlig* an der Frage vorbei."
> „Das hat mit dem Problem *gar nichts* zu tun."

Du verletzt den anderen, wenn du ironisch bist:

> „Du stehst mit deinen Füßen nicht auf der Erde."
> „Du Armer, du bist zu alt, du verstehst das nicht mehr."
> „Du träumst wohl."

Du verletzt den anderen, wenn du häßlich wirst... selbst wenn du dabei lächelst:

> „Du urteilst wie ein Knabe."
> „Laß dich in den Glasschrank stellen."
> „Du bist ein kompletter Narr."

Sei also nicht hartnäckig; zuerst muß die Wunde heilen. Entschuldige dich freimütig. Wenn du dazu den Mut nicht aufbringst, schweige demütig und suche gefällig zu sein, um den Schmerz zu lindern.

- Wenn der andere dich verletzt, dann deshalb, weil du ihn verletzt hast. Halte ein, entspanne dich, beruhige dich und verbinde die Wunde.

Wenn der andere sagt:

> „Klar, ich habe keine Matura."
>
> „Ich habe nicht studiert."
>
> „Ich habe keine Erfahrung, ich bin zu jung, um zu verstehen..."

hast du ihn gedemütigt. Selbst wenn dann deine Überlegenheit eine Tatsache ist, mußt du das wieder gutmachen.

Gib deine Unzuständigkeit in diesem oder jenem Punkte zu, anerkenne den Reichtum einer anderen Anschauung:

> „Deine Meinung ist interessant, ich bin zu intellektuell, *mir fehlt* der Kontakt mit dem Leben."
>
> „Ich urteile schon wie ein alter Mann. — Deine Stellungnahme ist eine Bereicherung, sie *bringt mich weiter*..."

... und der andere vor dir wird nicht mehr als armer Tropf dastehen, der empfängt, sondern als Gleichgestellter, mit dem ein Austausch möglich ist.

- Du willst mit dem anderen diskutieren? Gewinne zuerst seine Sympathie, und wenn du seine Sympathie gewinnen willst, dann schenke du ihm vor allem deine Freundschaft. Wenn der andere dir auch als ein Gegner, ein Fremder, ein Feind erscheint, betrachte ihn keinen einzigen Augenblick als einen solchen. Nimm ihn auf, bete und betrachte ihn wie einen Freund, einen Bruder, wie Christus (56).

56. Vgl. Wer ist der andere? — Seite 149.

Wenn sich der andere ganz in die Diskussion hinein-
legt, dann tust auch du das. Ihr könnt euch nicht verstehen. Steh also vor dem Gespräch dem Problem, den
Argumenten, der Lösung in Freiheit gegenüber. Schaffe
Leerraum in dir. Dein Stolz und deine Eigenliebe sind
schlechte Ratgeber. Dein Gefühl verdirbt alles. Die
Diskussion muß frei von allen Vorurteilen geführt werden, und es muß die Bereitschaft vorhanden sein, die
Argumente des anderen anzunehmen.

- Miß nicht allen Problemen dieselbe Wichtigkeit bei
und wende nicht dieselbe Energie auf zur Erörterung
für:
> das bessere Waschmittel, das weißer und schad-
> loser wäscht,
> den günstigsten Platz des Lichtschalters im Flur,
> die Vorteile und Unzukömmlichkeiten des Fern-
> sehens,
> das Problem der Kolonisation.

Vor dem Sprechen, besonders bevor du dich aufregst,
sammle dich eine Sekunde und urteile objektiv über
die Wichtigkeit des Gegenstandes.

- Fange immer mit dem Positiven an. Beide müßt ihr
zueinander erst einmal ja sagen können statt nein,
sonst wird der Mechanismus der Opposition und des
Kampfes ausgelöst werden, und das Ja wird sich dem
Nein gegenüberstellen und das Nein dem Ja.

- Wenn der andere redet, geht er über seine Gedanken
hinaus. Du auch. Deshalb seid ihr einander so fern. In
Wirklichkeit seid ihr euch ganz nahe, eure Meinungen
stehen nicht in Widerspruch, im Gegenteil, sie ergänzen

sich sehr oft. Bemühe dich, den Gesichtspunkt, den der andere darstellt, zu verstehen, wenn du willst, daß er verstehen kann, was du herausgefunden hast.

- Einem drei Wochen alten Kind gibt man 540 Gramm Milch pro Tag, einem Kind von drei Monaten 720 Gramm, einem Erwachsenen ein Beefsteak und einem kranken Alten eine leichte Rindsuppe. Wenn du dem Säugling Beefsteak gibst, wird er dieses nicht „behalten". Warum soll man nicht jedem zumessen, was er heute an Wahrheit aufnehmen kann? Sei geduldig. Wenn du zuviel geben willst, läufst du Gefahr, daß der andere „nichts bei sich behält".

- Es passiert allen einmal, daß sie ihre Meinung ändern müssen. manchmal sehr schnell; es kommt selten vor, daß einer seine Meinung auf Grund der Argumentation eines anderen ändert, der entschlossen ist, ihn zu überzeugen. Auch wenn du aus einer wirklichen Sorge um die Wahrheit beschlossen hast, jemand geistig weiterzubringen, sage nicht: Ich werde ihm schon *beweisen, daß er unrecht hat,* sondern: Ich werde ihm *helfen, daß er selbst die Wahrheit entdeckt.*

- Sehr oft wäre der andere bereit, „die" Wahrheit anzunehmen, aber er weist „deine" Wahrheit zurück. Warum monopolisierst du die Wahrheit? In neun von zehn Fällen existiert sie unabhängig von dir, und wenn du sie als deinen Besitz ausgibst, verdunkelst du sie nur.

- Wenn du bei deinen Diskussionen Erfolg haben willst, vergiß dich, achte den anderen, spiele nicht den Reichen, der dem Armen ein Almosen gibt, sondern benimm dich wie einer, der vor den Freund hintritt, um sich mit ihm zu verbinden und mit ihm die Wahrheit zu entdecken.

- Handelt es sich um eine religiöse Wahrheit? Dann vergiß nie, daß das Christentum sich nicht beweisen läßt mit Hilfe von Vernunftschlüssen und Ideen, denn beim Christentum handelt es sich in erster Linie um eine Person und dann erst um eine Lehre. Die Wahrheit ist Jesus Christus (57). Über Jesus Christus diskutiert man nicht. Man nimmt Ihn auf. Über Religion diskutieren heißt vor allem, Zeugnis ablegen und dem anderen helfen, Jesus Christus zu begegnen.

57. Vgl. Der Mensch mit „kurzer Sicht" oder die „doppelte Schau" des Christen. — Seite 231.

AUF DEN ANDEREN EINWIRKEN
HEISST, VERTRAUEN ERWECKEN

Es gibt viele Leute, die in guter Absicht auf den anderen einwirken wollen. Aber wie bei der Diskussion mit dem anderen treten sie auch hier dem Partner von Anfang an falsch gegenüber. Statt sich schon mit dem zu beschäftigen, was sie sagen oder tun werden, müssen sie auf sich selbst achtgeben. Wer sind sie und wie betrachten sie den anderen? Wer sich in allem überlegen dünkt, verurteilt sich zur Wirkungslosigkeit. Wer nur Mitleid für den anderen empfindet, braucht ihm erst gar nicht gegenüberzutreten. Nur der Demütige kann Erfolg haben. Er ist bereit, zu lieben und beim anderen Reichtümer zu entdecken, die vielleicht jetzt vergraben sind und die Gott in ihm niedergelegt hat.

- Wenn du auf den anderen einwirken willst, beachte folgende goldene Regel: *Sei nie negativ, sondern immer positiv.*

- Der andere ist äußerst empfindlich gegenüber dem Urteil derer, die ihn umgeben. Ihre Indifferenz, ihr Mangel an Vertrauen und noch mehr ihre Verachtung lähmen ihn und verurteilen ihn zum Stillstand.

- Wenn du auf den anderen einwirken willst, fange an, ihn aufrichtig zu lieben, sonst wirst du ihn nicht einen Schritt vorwärtsbringen. Dann schenke ihm dein Vertrauen, was immer dabei herauskommen mag; und schließlich bewundere ihn, es gibt immer etwas Bewundernswertes im anderen.

- Liebe, vertraue, bewundere ganz konkret. Es genügt nicht, daß du diese Empfindungen in deinem Herzen hast. Bringe sie zum Ausdruck. Der andere deutet das Schweigen immer als Ablehnung, und je schwächer er ist, um so mehr entmutigt ihn dieses Schweigen. Er denkt:

„Ich bedeute nur wenig in seinen Augen."

„Er hält mich für unfähig und ohne Reaktionswillen."

„Er verachtet mich."

„Was muß ich ihn anekeln."

Und sehr schnell schließt er voll Bitterkeit: „Im Grunde hat er recht."

- Gegenüber dem anderen denke nie: Ich bin ihm überlegen, sondern denke: Er ist mir in einem bestimmten Punkt überlegen. Im ersten Fall wirst du ihn vernichten, im zweiten wirst du ihm Mut machen und ihn erhöhen.

- Der andere hat immer die Tendenz, das zu sein, was du von ihm denkst und sagst.

Wenn du viel Schlechtes über jemanden denkst, dann lohnt es sich nicht, daß du dir die Mühe machst, auf ihn einzuwirken. Bevor du dich ihm näherst, bemühe dich zuerst, dein Urteil richtigzustellen.

- Das aufrichtige Lob hat eine geheimnisvolle Macht. Wenn du willst, daß der andere Fortschritte macht, beglückwünsche ihn aufrichtig. Das ist immer möglich. Betrachte den anderen. Schau auf seine Qualitäten, seine Gaben, stelle sie ins volle Licht; viele davon sind aus Nachlässigkeit und Mutlosigkeit vergraben. Sie ihm wiederschenken heißt, ihn sich selbst offenbaren, d. h. ihn retten, denn Gott verdammt den, der seine Talente vergräbt.

Wenn du die Qualitäten des anderen suchst und ihn ihretwegen lobst, bist du kein heuchlerischer Schmeichler, sondern ein Anbeter des Vaters. Wenn du dich im Glauben mit frommer Gesinnung dem anderen nahst, bist du auf dem Weg zu Gott, denn Gott hinterlegt seine Geschenke in jedem.

- Habe Vertrauen, habe immer Vertrauen zu dem anderen, trotz der Täuschungen, trotz der Niederlagen.

Wenn du dem anderen sagst: „Mit dir ist nichts zu machen", dann wird der andere, der mit sich selbst bereits viele schlechte Erfahrungen gemacht hat, denken: „Das stimmt...", und er wird nicht versuchen, etwas zu tun.

Wenn du dem anderen sagst: „Mit etwas Anstrengung und Geduld wirst du bestimmt etwas erreichen", wird der andere denken: „Er hat vielleicht recht", und es wird ihm ein Ansporn sein, es zu versuchen.

- Wenn der andere gestohlen hat, dann halte ihm nicht unaufhörlich vor: „Du bist ein Dieb." Sag ihm: „Im Grunde genommen bist du kein Dieb, dir ist nur ein Unglück passiert (oder es ist das Ergebnis einer Gewohnheit), aber mit einiger Anstrengung wirst du wieder herauskommen können."

- Wenn du trotzdem tadeln, eine Haltung, eine Tat verurteilen mußt, fang mit dem lauteren Glückwunsch für etwas Gutes, für einen Fortschritt, einen Gewinn an. Der Tadel allein verbittert, trifft oder entmutigt.

Wenn der Verweis eine aufbauende Wirkung haben soll, muß der andere vorbereitet sein, ihn anzunehmen.

- Es geht nicht darum, das Böse zuzulassen, sondern das Gute zu stärken.

- Stochere nicht unentwegt in der Asche herum. Beuge dich sofort über die restliche Glut, so gering sie auch sein mag, nähre sie und blase; blase darauf, und du wirst ein Feuer entfachen. Das heißt, belebe im andern die kleinste Anstrengung, den kleinsten Fortschritt und freue dich ehrlich. Deine Freude und deine Bewunderung werden ihm seine Möglichkeiten enthüllen. Er wird größeres Vertrauen gewinnen und schneller und weiter vorwärtskommen.

- Willst du auf den anderen einwirken? Vergiß dich. Wenn du meinst, etwas tun zu können, stellst du ein Hindernis auf. Du kannst nur das Gelände bereiten, den Weg frei machen. Gott, der rettet und erlöst, ist seit langem am Werk.

- Auf den anderen einwirken heißt, der allmächtigen Liebe Gottes begegnen, die sein Herz verwandelt.

- Bist du entmutigt vor der Sünde, die du beim anderen nicht übersehen kannst? Wiederhole dir das Wort des hl. Paulus: „Dort, wo die Sünde groß ist, nimmt die Gnade überhand" (58).

58. Röm 5, 15—20.

- Es gibt niemand und es wird nie jemand auf Erden geben, der so tief gefallen wäre, daß er der unendlichen Liebe Gottes entginge. Du hast kein Recht, nicht zu lieben und nicht zu vertrauen, wo Gott liebt und vertraut.

Alle Menschen reden von Liebe, schreien nach Liebe, besingen die Liebe, beweinen die Liebe. Im Namen der Liebe arbeiten sie, leiden sie Qualen ein ganzes Leben lang, umarmen oder bekämpfen sie sich, schenken sie Leben oder töten. Ist die menschliche Geschichte nicht eine erschütternde Suche nach Liebe, die wundervolle Erfolge und schreckliche Niederlagen gezeitigt hat?
Es stimmt, daß die tiefste Sehnsucht des Menschenherzens darin besteht, zu lieben und geliebt zu werden, denn der „Seinsgrund" des Menschen ist im vollsten Sinne des Wortes die LIEBE: Er ist aus Liebe und für die Liebe geschaffen, er kann sich nur in der Liebe entfalten. Aber es gibt zahllose Irrtümer über die Liebe. Dieses geheimnisvolle, oft mißbrauchte Wort enthüllt Lebenshaltungen, die einander so fremd sind wie Weiß und Schwarz, wie Leben und Tod. Wenn man versucht, diese Irrtümer zu zerstreuen, die Liebe in ihrem Absoluten beschreibt und ihre Forderungen aufzeigt, dann hilft man den Menschen, sich auf den wahren Weg der Liebe zu begeben... selbst wenn sie erst am Ende des Weges nur als ein Leitbild steht, das man auf Erden nie völlig erreicht.

- Der Hunger der Menschen ist schrecklich. Er tötet jedes Jahr Millionen. Der Mangel an Liebe ist noch todbringender. Er zerstört den Menschen und die Menschheit.
Zu oft versteht der Mensch nicht, zu lieben, er vermeint zu lieben, und er liebt nur sich selbst.

- Auf dem langen Weg, der zur Liebe führt, bleiben viele stehen, weil sie von den Täuschungen der Liebe verführt werden:

Wenn du „bis zu Tränen *gerührt*" bist gegenüber einem Leiden;

wenn du spürst, wie dein *Herz sehr stark zu klopfen beginnt* vor diesem oder jenem Menschen;

so kommt das nicht von der Liebe, sondern entspringt der Empfindsamkeit.

Wenn du „*gefesselt bist*" durch ihre ruhige Kraft oder durch ihren Charme;

wenn du bezaubert „*dich hingibst*", so ist das nicht Liebe, es ist eine Preisgabe.

Wenn du vor ihrer Schönheit den Kopf verlierst und sie *mit Wohlgefallen* betrachtest;

wenn du ihren Geist bemerkenswert findest und das Vergnügen ihrer Unterhaltung suchst, so ist das nicht Liebe, sondern Bewunderung.

Wenn du mit allen deinen Kräften nach einem Blick, einer Zärtlichkeit, einem Kuß trachtest;

wenn du zu allem bereit bist, um sie in deinen Armen zu halten und ihren Leib zu besitzen, so ist das nicht Liebe, sondern ein heftiges Verlangen, das aus der Sinnlichkeit stammt.

Lieben bedeutet nicht, gerührt sein durch einen anderen,

eine fühlbare Zuneigung zu einem anderen haben,

sich einem anderen preisgeben,

einen anderen bewundern,

einen anderen begehren,

einen anderen besitzen wollen.

Lieben bedeutet *seinem Wesen nach,* sich einem anderen und den anderen *schenken.*

- Lieben bedeutet nicht, „fühlen" (59). Wenn du mit deiner Liebe wartest, bis deine Empfindsamkeit dich treibt, dann wirst du nur wenige Menschen auf Erden lieben...und sicher nicht deine Feinde. Lieben ist kein instinktiver Schritt, sondern *die bewußte Entscheidung deines Willens,* zu den anderen zu gehen und dich ihnen zu schenken.

- Du spielst zu oft den Däumling, du findest immer deinen Weg zurück, den Weg zu dir selbst. Verliere dich, vergiß dich, und du wirst mit größerer Gewißheit lieben.

- Der Hunger treibt dich von zu Hause fort, um Brot zu kaufen.

Du öffnest die Tür, um den Sonnenuntergang zu betrachten.

Du läufst dem Freund entgegen, den du vom Fenster aus bemerkt hast.

So vermögen das Verlangen, die Bewunderung, die gefühlsmäßige Zuneigung dich dir selbst zu entreißen und dich auf den Weg der Hingabe zu treiben, aber dies ist noch nicht die Liebe. Der Herr bietet dir das als Mittel an — besonders in der Verbindung von Mann und Frau —, um dir zu helfen, dich zu vergessen und dich zur Liebe zu führen.

59. Für den Ort des Gefühls in deinem Leben siehe: Nicht „verdrängen", sondern „sublimieren". — Seite 41.

- Die Liebe ist ein Weg in einer einzigen Richtung; er führt immer von dir weg und zu den anderen hin. Jedesmal, wenn du einen Gegenstand oder einen Menschen für dich nimmst, hörst du auf zu lieben, denn du hörst auf zu schenken. Du wanderst in der entgegengesetzten Richtung.

- Alles, was dir auf deinem Wege begegnet, ist dazu da, um dir eine größere Liebe zu ermöglichen:

> die Nahrung, um das Leben zu entwickeln, das du jeden Augenblick hergeben mußt;
>
> das Moped, damit du dich schneller verschenken kannst;
>
> diese Schallplatte, dieser Film, dieses Buch, um dich zu bereichern, dich zu entspannen und dich bereit zu machen zur größeren Hingabe;
>
> die Studien, um besser zu erkennen und dich vorzubereiten, den anderen besser zu dienen;
>
> die Arbeit, um deinen Teil Anstrengung für die Gestaltung der Welt beizutragen und Brot für die Familie zu schaffen;
>
> der Freund, damit ihr euch aneinander verschenkt und euch, dadurch reicher geworden, an die anderen verschenkt;
>
> der Gatte, die Gattin, damit ihr miteinander das Leben gebt;
>
> das Kind, damit ihr es der Welt schenkt und später einem anderen...

Wandere auf diesem Wege. Nimm alles auf, was gut ist, aber um alles zu verschenken. Wenn du etwas oder jemanden dir für dich aufbewahrst, dann sage nicht, daß du diesen Gegenstand oder diesen Menschen liebst; denn in dem Augenblick, wo du sie ergreifst, um sie zurückzubehalten und sie aufzubewahren — wenn auch nur für einen Augenblick —, zerrinnt dir die Liebe zwischen den Fingern.

- Wenn du Blumen pflückst, willst du daraus einen Strauß machen.

Wenn du einen Strauß machst, willst du ihn der Geliebten schenken..., denn die Blume ist nicht dazu da, um in deinen Händen zu verwelken, sondern um Freude zu bereiten, um die Frucht hervorzubringen. Wenn du beim Pflücken nicht den Mut hast, sie zu verschenken, dann gehe weiter.

Ebenso ist es auch im Leben. Wenn du dich unfähig fühlst, vor einem Gegenstand oder einem Menschen vorbeizugehen, ohne ihn für dich allein zu nehmen, dann verfolge deinen Weg weiter. Um zu lieben, muß man fähig sein, *sich selbst zu verleugnen* (60).

Überprüfe oft die Echtheit und die Reinheit deiner Liebe. Stelle dir nicht einfach die Frage: Liebe ich? Sage dir: Bin ich zur Entsagung bereit, vergesse ich mich, verschenke ich mich?

- Mach dir keine falsche Vorstellung von der Liebe, indem du Sachen, Geld, einen Händedruck, einen Kuß, vielleicht sogar ein bißchen von deiner Zeit, deiner Tätigkeit verschenkst..., ohne *dich selbst* herzugeben.

Das Wichtigste in der Liebe besteht nicht darin, ein Ding, sondern einen Menschen zu verschenken. Du wirst lieben, wenn du *dich* verschenkst oder wenn du

---

60. Damit die Selbstverleugnung aber fruchtbar ist, muß sie „positiv" sein, sie muß sich auf die Hingabe hin entfalten. — Vgl. Nicht „verdrängen", sondern „sublimieren". — Seite 41.

mit deinem Geschenk, auch dem materiellen, dich selbst ganz mitverschenkst.

- Warum pfeifst du deinem Hund? Wenn er angekettet ist, wird er nicht zu dir kommen können.

Warum sagst du: ich verschenke mich, wenn du Gefangener der Dinge und Menschen oder deiner selbst bist?

Wenn du „festhältst" an deinem Füllfederhalter, deinen Werkzeugen, deinen Büchern, deinen „Geschäften", oder an deinem Werk, deiner Tätigkeit, oder an deinem Komfort, deinem Wohlergehen, oder an deinen Beziehungen, deinen Freunden um *ihrer selbst willen,* wirst du nicht schenken, wirst du dich nicht schenken können.

Wenn du „gebunden" bist, mußt du dich, um lieben zu können, „loslösen".

„Losgelöst" sein heißt nicht, indifferent sein, im Gegenteil, heißt hochachten, bewundern, schätzen, so sehr lieben, daß man nicht einen einzigen Augenblick besitzen und allein bleiben will, ohne an seinen Reichtümern auch die anderen profitieren zu lassen.

- Die wahre Liebe macht frei, weil sie einen von den Dingen und von sich selbst „befreit".

- Je mehr sich einer verschenkt, um so mehr wird er lieben. Wenn du mit deiner Liebe bis zum Äußersten gehen willst, mußt du bereit sein, dein ganzes Leben herzugeben, d. h. *dir abzusterben,* für die anderen und für den anderen.

- Wenn du meinst, es sei leicht zu lieben, dann täuschst du dich. Jede Liebe wird dir, wenn sie echt ist, eines

Tages das Kreuz bringen; denn seit der Sünde ist es hart, sich zu vergessen und sich abzusterben.

Seit der Sünde heißt lieben fähig sein, sich *für die anderen zu kreuzigen.*

– Wenn du darauf aus bist, etwas zu empfangen, wirst du nichts bekommen.

Man muß geben.

Wenn du etwas gibst und dabei sagst: so werde auch ich wieder empfangen, wirst du nichts erlangen.

Man muß ohne Gegenforderung hergeben.

Wenn du offenen Herzens gibst, ohne etwas zu erwarten, wirst du alles erhalten.

– Das Schwierigste in der Liebe ist das Wagnis, der Gang in die Nacht, der Schritt in den Tod... um das Leben zu ergreifen. Eben deshalb weichst du oft vor der echten Liebe zurück. Du zögerst, weil du genarrt und bezaubert bist durch das unmittelbar gewinnbringende Anerbieten der falschen Liebe. Du fürchtest, leer auszugehen, und nimmst eine Anzahlung.

– Wenn du liebst, gibst du dich her. Wenn du dich den anderen schenkst, bereichern dich die anderen. So wächst die Liebe beim Liebenden ins Unendliche, denn wer bereit ist, sich von sich selbst loszulösen, entdeckt alle anderen und verbindet sich mit der ganzen Menschheit (61).

– Die falsche Liebe, d. h. der Egoismus, die Hinwendung zu sich selbst, bringt immer die Enttäuschung,

61. Vgl. Die zwei Dimensionen des Menschen. — Seite 29.

die Verarmung der Person mit sich; denn sie verhindert die Ausweitung, sie ist Vergreisung und Tod.

Die wahre Liebe bringt immer die Freude; denn sie ist Entfaltung der Person, Erfüllung, Geschenk des Lebens.

- Am meisten hat Christus geliebt, nicht weil er die innigste Zuneigung für die Menschen bewiesen hat, sondern weil er am meisten geschenkt hat,
  und am bewußtesten
  und am freiwilligsten
  und völlig selbstlos.

- Wenn du aufhörst zu schenken, hörst du auf zu lieben.

Wenn du aufhörst zu lieben, hörst du auf zu wachsen.

Wenn du aufhörst zu wachsen, hörst du auf, dich zu vollenden,
  du hörst auf, dich in Gott zu entfalten,
denn lieben heißt, den Weg zu Gott einschlagen und Ihm begegnen.

Die moderne Psychologie anerkennt, daß die eigentliche
Ursache der moralischen Verirrungen fast immer eine Ver-
eitelung der Liebe ist.
Die Soziologen, die über die Zukunft der Welt und die
Übel, die sie bedrohen, nachdenken, fragen sich: Werden
die Menschen ihre Brüder lieben können? Es scheint tatsächlich, daß das wesentliche Problem in diesen Worten
enthalten ist: Wird in der Welt das Gewicht der Liebe, die
das Leben gibt, größer sein als das Gewicht des Egoismus,
der den Tod bringt? Um die Menschheit zu retten, bedarf
es der Menschen, die ihr Leben der Liebe weihen.

- *Du wirst nie durch die Liebe sündigen können.* Du sündigst, wenn du nicht liebst, nicht genug liebst oder
verkehrt liebst.

- Du kannst alle Menschen lieben, weil lieben nicht
im „Fühlen" besteht, sondern vor allem im „Wollen";
darin besteht, das Gute der anderen zu wollen, aller
anderen und aus allen Kräften (62).

- „Ich kann den Kerl nicht sehen!" Verzweifle nicht,
die Antipathie ist eine Sache des Instinktes. Schaue ihr
klar ins Gesicht, versuche nicht, diese Reaktion deines
Gefühles zu leugnen; nimm sie zutiefst an wie eine

62. Vgl. Lieben heißt, sich verschenken. — Seite 171.

Prüfung, suche im anderen das Liebenswerte... und dann versuche mit allen Kräften, sein Gutes zu wollen.

- „Ich habe eine große Zuneigung zu diesem Menschen!" Um so besser; es wird dir leichter fallen, ihn zu lieben. Bleibe jedoch nicht bei der Rührung stehen, fordere von deinem Empfinden, daß es dich bis auf den Grund deines Seins führe, dorthin, wo der Verstand die Kontrolle ausübt und der Wille entscheidet. Solange du nicht bewußt für den anderen entschieden hast, läufst du Gefahr, an ihm Vergnügen zu finden, statt dich ihm zu schenken.

- Wenn du unter zwei fast gleichen Produkten das eine um des Vorteiles willen wählst, den es dir gewährt, sage nicht, daß du es um seiner selbst willen bevorzugst.
Wenn du einen Freund besuchst um der Freude willen, die er dir schenkt, dann sage nicht, daß du ihn liebst... du suchst einen Vorteil.

- Sage nicht: „Ich liebe ihn nicht mehr!" Denn damit gibst du zu, daß du ihn nie wirklich geliebt hast.
Sage lieber: „Ich habe keine fühlbare Zuneigung mehr zu ihm."
Aber wenn du fortfährst, den zu lieben, der dich enttäuscht oder dir Böses zugefügt hat, dann liebst du wirklich, denn du liebst ihn selbst und nicht das Bild, das du dir von ihm gemacht hast, und den Gewinn, den du dir von ihm erhofft hast.

- Wer den anderen liebt, läßt ihn von Anfang an gelten, so wie er ist, wie er gewesen ist, und er läßt gleichfalls ohne Einschränkung gelten, wie er einmal sein wird.

- Wenn du sagst: „Dieser Mensch bedeutet *alles* für mich", und wenn deine Empfindungen, deine Gedanken, deine Zeit, deine Tätigkeit dadurch tatsächlich so in Beschlag genommen sind, daß sie dich für die anderen unzugänglich machen, dann ist deine Liebe falsch.

Wenn du sagst: „Seit ich ihn liebe, ist mein Herz weiter geworden", und wenn du wirklich aufmerksamer, bereiter und hingegebener für die anderen bist, dann ist deine Liebe wahr.

- Du liebst den anderen nicht, wenn du ihn vollkommen findest. Im Gegenteil, du mußt:

ihn immer zu größerer Vervollkommnung fähig finden;

leiden, weil du weißt, daß er noch unvollkommen ist;

wollen, daß er sich vervollkommne;

dich ganz hergeben, um ihn vollkommen zu machen.

- Wenn du alles getan hast, damit alle deine Brüder sich nähren, wohnen, arbeiten, sich bilden, sich unterhalten können...

wenn du gekämpft hast, damit sie frei und verantwortlich seien, so genügt das noch nicht, wenn du es nicht fertigbringst, den anderen Aufmerksamkeit zu schenken, sie aufzunehmen und sie anzuhören — wenn du nicht dich selbst verschenkst.

- Die Liebe schenkt immer das Leben, der Egoismus bringt immer den Tod.

- Du bist zur Fruchtbarkeit berufen, nicht nur zur physischen Fruchtbarkeit in der Ehe, sondern zur geistigen Fruchtbarkeit durch das Geschenk der Liebe an deine Brüder.

- Wenn der Ast vom Baum abgeschnitten ist, verdorrt er und geht zugrunde. Ebenso ist der, der nicht geliebt wird, ein zur Einsamkeit und zum Tode Verdammter. Möge ein Mensch kommen, der auf ihn hofft, an ihn glaubt und sich ihm schenkt, denn dann ist er wieder mit einem Menschen verbunden und durch diesen Menschen mit der ganzen Menschheit. Er hat das Leben wiedergefunden.

- Alle, die zum Stillstand verdammt sind, sind Menschen, die nicht mehr geliebt werden. Sage nie:
„Mit ihm ist nichts anzufangen!"
„In welchem Zustand er sich befindet!"
„Da wird nie etwas herausschauen!"
„Es ist nutzlos, man verliert seine Zeit!"
„Ich habe alles versucht!"
Du hast vielleicht alle Methoden und Systeme versucht, aber du hast nicht versucht, selbstlos zu lieben, ohne etwas zu erwarten, weil der andere, wer immer er sein mag, liebenswert ist, weil der andere seit jeher von Gott unendlich geliebt wird.

- Den Bruder lieben heißt, ihn geheimnisvoll und nachdrücklich rufen, ihn zu sich selbst erwecken, ihn sich selbst offenbaren, ihn in die Welt einsetzen, indem man ihm das Leben gibt.

- Du wirst deine Mannschaft nicht zum Sieg führen

können, wenn du den Ball für dich behältst und dich weigerst, ihn „abzugeben".

Du wirst nie ernten können, wenn du das Samenkorn nicht in die Erde versenkst.

Du wirst nie Leben erwecken können, *wenn du das deine nicht hingibst.*

Wie viele junge Menschen denken beim Verlassen der Kirche: „Endlich sind wir verheiratet, das Ziel ist erreicht, alles ist vollendet, wir brauchen nur mehr die Freude zu ernten!"
Sie verstehen nicht, daß alles beginnt, daß sie nicht am Ziel, sondern am Ausgangspunkt stehen. Sie wissen nicht, daß sie sich jeden Tag vermählen müssen, um wirklich „EINS" zu werden. Sie vergegenwärtigen sich nicht, daß sie sehr schnell einander enttäuschen werden, wenn sie sich nicht in Gott und durch Gott eine unendliche Liebe schenken.

- Läßt du, wenn dein Wagen in Fahrt ist, das Lenkrad und das Gaspedal los, weil er ja jetzt läuft?
Wie lange ihr auch verheiratet sein mögt, niemals seid ihr und niemals werdet ihr gänzlich vermählt sein. Ihr müßt euch jeden Tag vermählen.

- Sich vermählen heißt, einander aufnehmen und miteinander eins werden auf den drei Ebenen des Seins: auf der Ebene des Leiblichen, auf der Ebene der Empfindungswelt und auf der Ebene des Geistigen (63). Spiel weder die Rolle des Engels noch die des Tieres. Sei ein Mensch!

63. Vgl. Der aufrechte Mensch. — Seite 23.

- Der Tisch muß auf seinen Füßen stehen.

Das Fahrrad bedarf der Räder.

Das Dach muß auf dem Hause sitzen,
wenn es nützlich sein soll.

Du mußt in dir die Wertordnung deines Seins beachten, sonst wird deine Ehe nicht fest gegründet und nicht richtig ausgeglichen sein.

- Wenn die fleischliche Liebe sich selbst überlassen bleibt, kann sie kein frei gegebenes Geschenk für den anderen sein; denn wenn ein Leib nicht vom Geiste durchdrungen ist, kann er nur sich suchen. Wenn du lieben willst, muß dein Leib von deinem Geist beseelt sein, und in deinem Geiste muß die Gnade Gottes wohnen.

- Der Kuß hat nur als Zeichen der Liebe einen Sinn. Durch ihn bekundest du dem anderen: „Ich sehne mich darnach, mich dir in Gemeinschaft zu verbinden; ich will Nahrung für dich sein, indem ich mich hingebe."

- Die körperliche Hingabe besagt, daß sich eins dem anderen bewußt, freiwillig und in Liebe schenkt, um sich einem Dritten, dem Kind, zu schenken; sie schließt daher ihrem Wesen nach die egoistische Lust aus.

- Um dich zu verschenken, mußt du dich besitzen,
    mußt du deinen Leib besitzen,
    mußt du dein Herz besitzen,
    mußt du deinen Geist besitzen.

Du wirst nie damit zu Ende kommen, dich zu erobern, und das heißt, dich zu verschenken, und das heißt, zu lieben. Ihr werdet nie damit zu Ende sein, euch zu vermählen.

- Es ist nicht leicht, mit seinem Leib, mit seinem Herzen oder mit seinem Geist nichts für sich festzuhalten... Es ist nicht leicht, echt zu lieben; aber ihr habt ja euer ganzes Leben, um einander in der Liebe zu helfen (64).

- Weil unsere Natur durch die Sünde verwundet ist, ist sie habsüchtig und treibt sie uns an, uns die Dinge und die Personen zu eigen zu machen. Sie will nicht, daß wir etwas hergeben.

Wir brauchen die Gnade der Erlösung, damit wir wieder für die Liebe geeignet sind.

- Immer wird sich am Schnittpunkt deiner Liebe ein Kreuz erheben. Aber von diesem Kreuz herab lädt dich Christus ein, dich mit Ihm zu vereinigen.

Wenn du dir abstirbst, gehst du ein in Seinen eigenen Tod, und Er wird dich in Seine Auferstehung hineinnehmen.

- Du triffst viele Paare, die Hand in Hand gehen, denn die Leiber finden leicht zueinander.

Viel seltener triffst du solche, die Herz bei Herz gehen, denn es ist schwieriger, sich mit Zärtlichkeit zu lieben.

Du triffst sehr selten solche, die das Tiefste in sich eng miteinander verbunden haben, denn nur wenige haben *ihre Seele vermählt*.

- Eure Seelen vermählen heißt, alle eure Gedanken, eure Empfindungen, eure Eindrücke, euer Zaudern,

64. Vgl. Nie den Mut verlieren. — Seite 282.

eure Reue, eure Pläne, eure Träume, eure Freuden, eure Enttäuschungen ... eure ganze Innenwelt und ihre Entwicklung im gegenseitigen Vertrauen gemeinsam haben.

Eure Seelen vermählen heißt, in euch durch lebendigen Austausch den gleichen Willen erwecken und eure Brüder lieben, Gott begegnen und euch mit Ihm vereinigen.

Eure Seelen vermählen heißt, euch beide hüllenlos und durchsichtig miteinander vor Gott stellen, wie zwei zum Gebet gefaltete Hände sein.

- Treibe kein Trugspiel mit dem anderen und mit dir selbst. Betrachte dich, drücke dich aus; erst durch aufrichtiges Vertrauen werdet ihr miteinander eins werden können. *Wenn du im Schweigen verharrst, wirst du nicht lieben können.*

- Wenn etwas in dir ist, was man von außen nicht sehen kann, mußt du es sichtbar machen. Wenn du dich für die Liebe entschieden hast, muß du auch entschlossen sein, deine persönliche Selbstherrlichkeit zu brechen, d. h. annehmen, daß in deine Einsamkeit eingebrochen wird.

- Ihr nehmt euch Zeit,
    den Ankauf eines Möbelstückes zu überlegen,
    über euer Haushaltsgeld zu sprechen,
    eure Ferien vorzubereiten,
ihr überwacht das Gewicht eures Kindes,
ihr stellt sein Wachstum fest,
ihr beobachtet seine Lernerfolge.
Nehmt ihr euch regelmäßig Zeit, die Vertiefung eurer Ehe zu prüfen?

Seid ihr heute mehr EINS als gestern, und werdet ihr es morgen noch mehr sein?

- Die Blüte läßt sich umwandeln, damit aus ihr Frucht wird.
Die Frucht läßt sich umwandeln, damit aus ihr Samenkorn wird.
Das Samenkorn läßt sich umwandeln, damit aus ihm ein kräftiger Baum wird.

Wenn du lieben willst, mußt du dich umwandeln lassen, denn durch die Liebe eröffnet ihr einander eine neue Weise zu sehen, zu fühlen, zu handeln, zu begreifen, zu beten; eine Weise, die euch ergänzt und bereichert.

Durch das tägliche Geschenk der Liebe befruchtet ihr euch gegenseitig, nicht nur im Körperlichen, sondern auf allen Gebieten. Ihr seid einverstanden, aufs neue geboren zu werden, im eigentlichen Sinne des Wortes allmählich „neu geschaffen" zu werden. Eben deshalb ist die echte Liebe einfach unauflöslich.

- Eheleute, die sich trennen, zerteilen ihr Kind, sie „zerreißen" sich selbst, aber sie können ihre Vermählung nicht rückgängig machen.

- Der Weg der Liebe geht vom Leib zum Geist, vom Endlichen zum Unendlichen, vom Zeitlichen zum Ewigen. So muß deine Liebe sich allmählich in der Qualität erhöhen, von einer Anziehung und Vereinigung der Leiber zu einer Anziehung und Vereinigung der Herzen, dann zur Gemeinschaft der Geister, bis hinauf zu den unauslotbaren Tiefen der Seele, in der Gott wohnt.

- Wenn du dich nur mit einem Leib vermählst, wirst du ihn bald ausgekundschaftet haben und nach einem anderen begehren.

Wenn du dich nur mit einem Herzen vermählst, wirst du es bald ausgeschöpft haben und von einem anderen angezogen werden.

Wenn du dich mit einem „Menschen" vermählst und noch mehr mit einem „Kinde Gottes", dann wird, wenn du dazu bereit bist, deine Liebe von ewiger Dauer sein. Denn das Unendliche, das Mann und Frau übersteigt, ermöglicht es ihnen, ihre Liebe zu verewigen.

- Niemand pocht an ein leeres und an ein zerfallenes Haus.

Niemand kann an einer vertrockneten Quelle seinen Durst stillen.

Ihr werdet beide für die Liebe fähig sein, wenn ihr füreinander eine unerschöpfliche Quelle geworden seid.

- Ob man es weiß oder nicht, die Liebe strebt nach der Vereinigung mit Gott. So kann sich die vollkommene Ehe nur im Sakrament verwirklichen, im unendlichen Geheimnis der Dreifaltigen Liebe, die gelebt wird in zwei menschlichen Wesen, die EINS geworden sind.

- Wenn ihr das Sakrament eurer Ehe lebt, werdet ihr füreinander unendlich kostbar und unerschöpflich werden. Denn ihr werdet einander GOTT schenken, der DIE LIEBE ist.

Selten sind die Menschen, die nicht wenigstens ein wenig von ihrer Zeit verschwenden, um zu klagen, daß sie das sind, was sie sind, oder nicht sind, was sie sein möchten (65). In bezug auf die eheliche Gemeinschaft sind die Gelegenheiten zur Klage vielfältig. Viele Ehegatten meinen, daß sie ihre Ehe verfehlt haben, sie „ertragen einander".

Mit dem anderen zufrieden sein, wie er ist, wie man ihn im Ablauf der Tage kennengelernt hat, aufhören, sich gegenseitig anzuklagen, den offenkundigen Mißerfolg übergehen, so muß der Wille beider beschaffen sein, wenn sie in ihrer Ehe glücklich sein wollen.

- Wirst du verzichten, das Haus zu bauen, weil das gelieferte Material der Bestellung nicht entspricht?

Wirst du dein Kind verlassen, weil es nicht das Temperament und den Charakter hat, den du an ihm erhofftest?

Wirst du verzichten, dein Heim aufzubauen, weil dein Mann nicht so ist, wie du ihn dir erträumt hattest, weil deine Frau nicht so ist, wie du erhofftest?

- Wenn du deinen Traum geheiratet hast, hast du wie ein unreifer Mensch gehandelt. Gib allein dir die Schuld und klage nicht deinen Partner an, daß er nicht so ist, wie du ihn dir vorgestellt hattest.

65. Vgl. Wann wirst du dich endlich ertragen? — Seite 89.

- Wenn du enttäuscht bist und wenn du in deiner Enttäuschung verharrst, wirst du es gegen deinen Willen zeigen, und wenn du es zeigst, entfernst du den anderen noch ein bißchen weiter von dir, denn der andere braucht, um näherzukommen, Vertrauen.

- Deine Klagen sind ebenso viele trennende Schranken, wo doch Vereinigung sein muß.

- *Es ist nie zu spät, um endlich den zu heiraten, der dein Leben teilt. Du brauchst es nur zu wollen.*

- Du kannst nicht zu dritt eine Ehe bilden. Dein Gatte, du und dein Traum. Wenn du dich ernstlich vermählen willst, trenne dich von deinem Traum.

- Wenn du kein Schloß bauen kannst, so kannst du zumindest eine Hütte bauen; du wirst jedoch in deiner Hütte nicht glücklich sein, wenn du noch von deinem Schloß träumst.

- Du bist entschlossen, mit deinem Traum zu brechen, dein Schloß zu verlassen... Weist du damit deine Illusionen zurück? Nein, du wirst sie nicht unterdrücken können.

Beginne damit, deinem Gatten zu *verzeihen,* denn du hast ihm nie verziehen, daß er nicht so ist, wie du ihn dir vorgestellt hattest.

Bringe Gott deine Enttäuschung und deinen zerschlagenen Traum *dar* und alles, was in dir an Klagen, Groll und Entmutigung gelebt hat.

Nimm schließlich die Wirklichkeit des anderen und die deiner Ehe zutiefst *an.*

- Es handelt sich nicht darum, „dein Leben neu zu machen", sondern *dich* neu zu machen.

- Vielleicht hast du ihn nie echt geliebt, weil du ihn *für dich* begehrt hast?

Und er hat dich vielleicht nie echt geliebt, weil er dich *für sich* begehrt hat?

... und eure beiden Egoismen haben sich nur für einen Augenblick verbunden, um euch die Illusion der Liebe zu geben.

- Selbst wenn die sinnliche Zuneigung offenkundig verschwunden ist, kannst du ihn lieben, kannst du sein Bestes wollen.

Aber er...! Aber sie...!

Urteile nicht über den anderen, sondern urteile über dich. Wenn er dich wirklich nicht mehr liebt, liebe ihn mehr und ohne etwas dafür zu wollen. Nur wenige Menschen widerstehen auf lange Zeit einer echten Liebe. Wenn du liebst, hilfst du ihm, daß auch er liebt.

- Du denkst immer: Er hat mich enttäuscht.

Denk doch auch: Ich habe ihn enttäuscht.

Aber er hat begonnen!

Gut, jeder auf seine Weise, und fange du wieder an, ihn mit einem ganz neuen Herzen zu lieben.

- Wenn dein Glas leer ist, kannst du es wieder füllen, aber wenn es voll ist...!

Die Tiefe deiner Seele allein ist das Maß für die Tiefe der Liebe, die du empfängst.

Du sagst, daß er alle Fehler hat.

Du sagtest, daß er alle Vorzüge besäße.

Gestern hast du dich getäuscht und heute täuschst du dich wieder.

Er besitzt Vorzüge und Fehler, und du mußt sie alle heiraten.

- Das ist nicht meine Schuld; er hat sich geändert!

Bist nicht du es, der sich geändert hat...? Und wenn er sich geändert hat, warum staunst du darüber? Du hast einen lebendigen Menschen geheiratet und nicht ein Phantasiebild. Lieben ist nicht eine Wahl für einen Augenblick, sondern für immer.

- Einen Mann lieben, eine Frau lieben heißt immer, ein unvollkommenes Wesen lieben, einen Kranken, einen Schwachen, einen Sünder.

Wenn du ihn wirklich liebst, wirst du ihn heilen, wirst du ihn aushalten, wirst du ihn retten.

- Lieben, das kann — im Grenzfall — heißen, ein ganzes Leben lang leiden; mögen diejenigen, die sich für die Liebe entscheiden, das bedenken, bevor sie sich binden.

- Das Ehesakrament hat eure Verbindung geheiligt, es hilft euch, sie jeden Tag zu verwirklichen.

Nur Christus wird im Herzen eurer Ehe den Egoismus entfernen und die Liebe wiederherstellen; aber um zu euch zu kommen, heute wie gestern, braucht Er ein JA.

- Seine Ehe annehmen heißt, den anderen annehmen, aber es heißt auch, Jesus Christus, den Erlöser, annehmen.

Es gibt in uns, um uns und überall in der Welt die herz-
zerreißende und hartnäckige Gegenwart des Leidens und
des Todes. Der Mensch hat sich von jeher an ihnen ge-
stoßen. Wenn er sich seinen eigenen Kräften überläßt, um
ihr Geheimnis zu durchdringen, kann er nur scheitern und
sich dabei noch mehr verletzen. Nur der christliche Glaube
vermag dem Menschen ihr Geheimnis zu lüften und ihn
vor der Verzweiflung zu retten. Aber der Friede winkt erst
am Ziel eines langen Weges. Wer leidet, soll sich nicht
wundern, wenn er sich der Gotteslästerung näher fühlt als
dem Fiat, aber er soll mit allen seinen Kräften glauben, daß
Jesus Christus ihm eines Tages helfen wird, nicht nur zu
begreifen, sondern JA zu sagen, so daß er das Leiden seinem eigenen Heil und dem Heil der Welt dienstbar macht.

- Warum verletzt die Rose denjenigen, der sie pflückt?
Warum verwüstet das wütende Meer die Kontinente?
Warum bedroht die freigewordene Radioaktivität die
Menschheit im Kern des Lebens?
Warum verdirbt der Leib des Menschen, wenn er
seinen Gliedern das Leid einpflanzt?
Warum leidet das Herz des Menschen ebenso wie die
verwüsteten Leiber?
Warum fügen die Menschen einander so grausames
Leid zu?
Warum ist das Leiden immer und überall der Ge-
fährte des Menschen?

- Wenn irgend etwas im Mechanismus deines Wagens nicht stimmt oder wenn du schlecht mit ihm umgehst, dann stellst du fest: mein Motor „leidet darunter".

Wenn du die Idee des Konstrukteurs nicht beachtest und Veränderungen einführst, die den Motor gänzlich entstellen, bleibt er stehen.

Ebenso ist es bei den Menschen, als sie durch die Sünde die Unordnung in den Plan des Vaters einführten; denn sie haben damit das Leiden und den Tod in die Welt eingeführt.

- Durch die Liebe und den Gehorsam und durch die Gnade Gottes lebte der Mensch vor der Sünde im Einklang:

    im Einklang mit sich selbst;

    im Einklang mit den anderen;

    im Einklang mit dem Universum.

Durch den Egoismus und den Stolz verurteilt sich der Mensch ohne Gott zur Uneinigkeit mit sich selbst, mit den anderen und dem Universum. Die schwierige Ehe von Geist und Materie zerbricht. Die Scheidung zieht den Kampf nach sich, die Wunden und den Tod.

- Nicht der Wille Gottes bewirkt es, daß der Mensch leidet und stirbt, sondern der Wille des Menschen.

- Der Sold der Sünde ist der Tod, während das ewige Leben in Jesus Christus, unserem Herrn, das Geschenk Gottes ist (66).

66. Röm 6, 23.

- Konnte Gott nicht verhindern, daß der Mensch sündigte?

Ja, wenn er ihm die Freiheit genommen hätte.

- Liebt ein Professor seinen Schüler, wenn er ihm die Lösung der Aufgabe gibt, um ihn vor Fehlern zu bewahren?

Liebt eine Mutter ihr Kind, wenn sie ihm das Gehen nicht beibringen will aus Angst, daß es fallen könnte?

Liebt ein Vater seinen erwachsenen Sohn, wenn er ihm nicht gestattet auszugehen, um sich zu unterhalten, aus Furcht, er könnte ihn dem Bösen aussetzen?

Würde Gott den Menschen lieben, wenn Er ihm die Möglichkeit raubte, zu wählen, zu leben und frei zu lieben?

- Wenn du liebst, darfst du die Freiheit der anderen nicht antasten, um sie vor dem Bösen zu bewahren, sondern du mußt für sie das Wagnis des Irrtums, der Fehler und der Leiden auf dich nehmen.

Deshalb liebt uns Gott, weil Er das Wagnis der Sünde auf sich genommen hat.

- Oft kannst du die bösen Folgen der Sünde genau übersehen:

dein Stolz „verletzt" den anderen;

dein Egoismus beraubt ihn;

deine Sinnlichkeit beutet ihn aus und erniedrigt ihn;

die großen Geißeln: Alkoholismus, Ausschweifung ... zeugen zahllose physische und moralische Leiden, die unbeschreibliche Rückwirkungen haben;

die schuldhafte Unachtsamkeit der privilegierten Völker, ihr Egoismus oder ihr Rassenstolz lassen die Elendswohnungen zu, die Unterernährung, den Mangel an Hygiene, das Analphabetentum... usw....

- Du bildest dir nichts darauf ein, daß du gesund bist, da du deine Gesundheit ja anderen verdankst (deinen Eltern, denen, die dir die Nahrung bereitet haben usw....).
Du bildest dir nichts darauf ein, daß du gebildet bist, da deine Kenntnisse ja von deinen Lehrern stammen, von denen, die die Bücher geschrieben haben, usw....
Warum solltest du dich über die Leiden beklagen, die du nicht „verdient" hast?
Wenn du die Solidarität im Guten und ihre günstigen Folgeerscheinungen annimmst, dann mußt du auch die Solidarität im Bösen und ihre Früchte an Leiden annehmen.

- Du bist nur einer aus der ganzen Menschheit und dem Universum:
Du atmest die Luft ein, sie wird „Du".
Du nimmst den Saft der Erde auf, er wandelt sich in deinen Leib und in dein ganzes Sein.
Du trinkst die Sonnenstrahlen, sie nähren dich und lassen dich wachsen...
Du hast Nutzen von allen Sternen.
Du hast Nutzen von allen Menschen.
Du hast Nutzen von der ganzen Materie und der gesamten Ideenwelt.
Du bist von allen und jedem abhängig, aber du beeinflußt auch alles und jeden.

- In diesem großen Gesamtleib, wo der kleinste Atemzug sich bis an die äußersten Enden der Schöpfung auswirkt, mußt du, weil du mit der Sünde eine Unordnung hineinträgst, gar oft darauf verzichten zu wissen, wo und wie das Geschwür des Leidens sich festsetzen wird.

Wenn du in deinem Herzen oder an deinem Leib leidest, wenn die Fluten sich über die Welt ergießen, verzichte darauf, die Ursprünge der Unordnung kennenzulernen. Laß die geheimnisvolle Solidarität der Wesen und der Dinge gelten, aber erinnere dich immer, *daß keine Sünde durch den Menschen in der Welt begangen wird, ohne daß irgendwo daraus ein Leiden entsteht.*

- Kann Gott sich an der Sünde „erfreuen", die Ungehorsam und Mangel an Liebe zu Ihm ist?

Wie könnte Er sich dann am Leiden „erfreuen", das die unausweichliche Folge der Sünde darstellt?

Da das Leiden eine tief in den Liebesplan des Vaters eingreifende Unordnung ist, darfst du dem Leiden gegenüber nie „resignieren". Tue alles, um gegen das Leiden zu kämpfen:

> gegen das Leiden der Leiber: durch Hygiene, Ernährung, Medizin, wissenschaftlichen Fortschritt in all seinen Formen;
>
> gegen das Leiden der Menschheit: durch die Beziehungen der Menschen untereinander, Gerechtigkeit, Friede...
>
> gegen die Leiden des Herzens: durch Liebe...
>
> gegen die Leiden, die von der rebellischen Materie, den entfesselten Elementen verursacht werden: durch wissenschaftliche Forschung, Technik, Arbeit...

- Wenn du dich aus Liebe und um des Menschen willen im Kampf gegen das Leiden einsetzt, kannst du sicher sein, daß du deinen Willen mit dem Willen Gottes verbindest.

- Wenn du wirksam sein willst, zerstöre das Leiden an seiner Quelle: der Sünde. Aber die Quelle wird nicht versiegen im Herzen des Menschen. Das Leiden bleibt und wird weiter andauern. Wirst du das Mittel finden, es dienstbar zu machen, oder wirst du dich in die Verzweiflung einschließen?

- Die modernen Menschen nützen die „Abfallprodukte" immer mehr aus; sie gebrauchen die schädlichen Abfälle, um sie zum Vorteil für die Menschen zu verwenden.
Wenn der Glaube das Geheimnis vom Ursprung des Leidens erhellt, durchleuchtet er auch das Geheimnis seiner „Nutzbarmachung" für das Heil der Welt.

- Willst du das Leiden, das „Abfallprodukt" der Sünde, dienstbar machen?
Frage Jesus Christus, *wie Er aus diesem Leiden den Grundstoff der Erlösung gemacht hat.*

Gott hat das Leiden nicht gewollt; es ist nicht sein Werk,
sondern das Werk des Menschen. Dieser muß jetzt den
Lebensgefährten, den er sich durch die Sünde in voller
Freiheit erwählt hat, annehmen. Es wäre eine grausame
Lebensgemeinschaft, wenn Jesus Christus nicht gekommen
wäre, um das Leiden aus seiner ungeheuerlichen Abwegig-
keit zu erlösen.

Ein durch die Empörung des Menschen auf der Welt auf-
gepflanztes ungeheures Kreuz bedeckt mit seinem Schatten
die Menschheit und das Universum. Aber die Liebe Jesu
Christi zu seinem Vater und zu den Menschen hat aus
diesem Kreuz den Weg der Auferstehung gemacht.

- Das Leiden ist dein Gefährte, und der Tod gibt
sich dir auf dem Grunde der Zeit zu erkennen. Was
willst du tun?

Dich empören?

Es passiv hinnehmen?

Es ableugnen, indem du es zu vergessen suchst?

Dich bei allen beklagen und dich rächen?

Was immer deine Haltung sein mag, du kannst das
Leiden nicht zurückweisen, du kannst dich dem tragischen Zwang des Todes nicht entziehen.

- Vor dem Leiden eines anderen kommt es **dir** manchmal in den Sinn, zu sagen: „Recht geschieht ihm!"

Gott kann sich nie am Leiden erfreuen, weil Er ein

Vater ist, der seine Kinder unendlich liebt. Er „leidet", wenn Er dich leiden sieht.

- Nach der Sünde, als
    Unordnung in der Schöpfungsordnung,
    Empörung des Menschen gegen Gott
    und Weigerung, die Liebe zu lieben,
herrschte, hat der Vater den Menschen nicht sich selbst überlassen, Er hat ihn nicht der Verzweiflung überlassen, sondern „Er hat die Welt so sehr geliebt, daß Er seinen Sohn gesandt hat...".

- Als Jesus Christus auf die Erde kam, begegnete er drei „Geschöpfen", deren Schöpfer nicht sein Vater gewesen war: der Sünde, dem Leiden und dem Tod.
Um dem Menschen den Frieden und die Liebe und der Welt den Einklang wieder zu schenken, mußte er die Sünde, das Leiden und den Tod besiegen.

- Du sagst von deinem Freund:
    ich trage ihn in meinem Herzen,
    für ihn schäme ich mich seiner Sünde,
    sein Leiden bedrückt mich.
Darin besteht tatsächlich die Allmacht der Liebe, daß der Liebende sich so mit dem Geliebten verbindet, der Freund mit seinem Freund, daß er sich alles von ihm zu eigen macht.
Weil Jesus Christus die Menschen mit einer unendlichen Liebe geliebt hat, hat er sie alle in sich vereinigt:
    Er trug alle ihre Sünden,
    Er litt alle ihre Leiden,
    Er starb ihren Tod.

- Im vollen Sinn des Wortes *Opfer seiner Liebe,* spricht Jesus am Kreuz zu seinem Vater: „In deine Hände befehle ich meinen Geist", seinen Geist, der beladen war mit einer tragischen Ernte:

> Siehe Vater, ich übernehme die Verantwortung für die Sünden der Menschen und *bitte dich um Verzeihung* für sie, „*lösche sie aus*";
>
> die Leiden der Menschen mitsamt den meinen, ihren Tod und meinen Tod *bringe ich dir als Buße dar;*

und der Vater hat ihm das *Leben* geschenkt; darin besteht das Geheimnis der Erlösung.

- Die Mutter nimmt die Schmerzen der Geburt an, denn aus ihrem Leiden soll das Leben entstehen.

Was aber dem Menschen verhaßt ist, was er nicht ertragen kann, ist, *ohne Grund zu leiden.*

Wenn du willst, daß dein Leiden und das Leiden der Welt „einen Sinn haben" und von Nutzen seien, dann mußt du auf Jesus Christus am Kreuze schauen, ihm begegnen und dich mit ihm vereinigen.

- Durch Jesus Christus, den Erlöser, wird das absurde und verhaßte Leiden zum Grundstoff der Erlösung.

- Es ist nicht das Leiden an sich, das loskauft, *sondern die Liebe,* die in Jesus Christus das Geschenk dieses Leidens erhellt.

- Du kannst das Leiden nicht lieben, es bleibt selbst nach dem Kommen Jesu Christi ein Übel; aber du kannst die Gelegenheit, zu opfern und zu retten, lieben, die es dir bietet.

- Dein Kopfweh heute;

diese Schlaffheit deines ganzen von Müdigkeit übermannten Körpers;

diesen stechenden Schmerz, der dein Fleisch zernagt und dir keine Ruhe läßt;

diese schmerzliche Unbeweglichkeit;

diese Krankheit;

dieses moralische Leiden, sei es klein oder groß, vorübergehend oder dauernd:

> qualvolle oder eintönige Arbeit, erfolgreicher oder kläglicher Einsatz in der Gewerkschaft oder in der Politik, verwundete Empfindsamkeit, Mißerfolg bei deinen Bemühungen, demütigende Niederlagen...

Alle deine Leiden

> hat Christus bereits gelitten,
>
> dargebracht,
>
> und der Vater hat sie bereits aus den Händen Seines Sohnes empfangen als Buße für die Sünden,
>
> durch die Liebe Jesu Christi haben sie die Welt bereits losgekauft.

Du brauchst dich nur mehr mit dem Erlöser zu verbinden in der Tiefe eines jeden von ihnen. Schaue ihnen ins Gesicht, und du wirst sehen, daß Christus dir ein Zeichen gibt.

> *Trage sie* freiwillig *mit ihm,*
>
> *opfere sie* freiwillig *mit ihm,* und
>
> *du wirst die Welt* freiwillig *mit ihm retten.*

- Alle Leiden der Menschheit verteilen das Leiden Jesu Christi in die Zeit hinein.

Der Kreuzweg führt durch alle Schlachtfelder der

Welt, durch alle Elendswohnungen, Krankenhäuser, Arbeitsstätten, durch alle Straßen deiner Stadt oder deines Dorfes...

Der Kreuzweg führt über alle Wege der Menschen; aber wenn du Jesus Christus begegnest und wenn du Ihm folgst, wird dich der Kreuzweg *zur Auferstehung* führen.

– Der Erlöser hat sein Kreuz nicht erfunden oder gewählt; Er hat jenes genommen, das die Juden und alle Menschen Ihm auf die Schultern gelegt haben.

Bevor du dir selbst eine Buße aussuchst, nimm die täglichen Leiden an.

Wähle das Kreuz der Serie und nicht das Kreuz nach Maß, sonst würdest du dich für stärker und für besser halten als die anderen.

– Wenn du den Baum beschneidest aus Vergnügen am Ästestutzen,

wenn du das Korn in die Erde senkst aus der Lust daran, daß es zugrunde geht,

wenn du dein Kind schlägst, weil es dir Vergnügen macht, es leiden zu sehen,

bist du ein Vandale und ein gefährlicher Narr;

denn der Schnitt der Baumschere dient der Schönheit der Frucht,

das versenkte Korn der Fülle der Ähre,

die Bestrafung des Kindes seiner menschlichen Entwicklung.

– So ist die christliche Buße *niemals* ein „vergebliches" Leiden, sondern immer ein Verzicht auf wilde oder faule Früchte um einer guten Ernte willen.

- Das Leiden auf der Welt stellt das wahrnehmbare Zeichen der Sünde dar.

Das angenommene und in Christus dargebrachte Leiden ist das wahrnehmbare Zeichen der Erlösung.

- Es gibt niemals einen Loskauf von der Sünde ohne Leiden, das durch Jesus Christus, den Erlöser, dargebracht wird.

- Deine alltäglichen Leiden, die du in vollem Umfang angenommen und dem Vater geschenkt hast, sind deine wirksamsten apostolischen Aktionen.

- Mach aus dem Kreuz kein Schmuckstück,
    kein Werkzeug sportlichen Trainings,
    kein Theaterrequisit, um dich bemerkbar zu machen,
    keinen hindernden Halt auf deinem täglichen Weg;
denn es ist das tägliche Werkzeug dessen, der *mit Jesus Christus und aus Liebe den Menschen und die Welt retten will.*

Für viele Menschen ist die Arbeit unter den gegebenen Be-
dingungen eine Last. Manche Christen betrachten sie als
eine Strafe. Die Arbeit ist jedoch adelig. Durch sie wird der
Mensch zum Mitarbeiter Gottes bei der Vollendung der
Schöpfung, und er verbindet sich mit allen Menschen.
Aber in der Arbeit und in der Welt der Arbeit wohnt die
Sünde wie der Wurm in der Frucht. Sie muß erlöst werden.
Nur der Christ kann Jesus Christus, den Erlöser, mitten in
die Arbeit und durch sie mitten in die Welt hineinführen.
Durch die Arbeit wird der Mensch zum Mitarbeiter an der
Schöpfung, aber auch an der Erlösung.

- Gott hat die ganze Erde den Menschen überantwortet, damit die Menschen in ihrer Gesamtheit sie fruchtbar machen, sich ihrer bedienen und sie Ihm als Huldi-
gung darbringen.

- Der Bauer sät das Getreide, und Gott läßt es sprie-
ßen.
Der Schöpfer liefert die Steine, und der Maurer baut
auf.
Bei jeder Arbeit ist der Mensch ein Mitarbeiter Gottes.

- Mitten in deiner Arbeit ist der Herr anwesend.
Arbeiten heißt sich bemühen, mit Gott zusammenzu-
kommen, um mit Ihm am Werk zu sein. So kann die
Arbeit ein Gebet sein.

- Weil Gott uns nach Seinem Bild erschaffen hat, hat Er uns zu schöpferischen Menschen gemacht (67).
Durch deine Arbeit wirkst du mit Ihm an der Ausgestaltung und Vollendung der Schöpfung.

- Der Vater schenkt dem Menschen ein solches Vertrauen, daß Er ihm die Initiative bei der Umwandlung der Welt überläßt. Er gibt die Grundstoffe, gibt Seine Macht, aber der Mensch gestaltet aus und baut auf, wann er will und wie er will.

- Durch deine Arbeit vollendest du dein eigenes Geschaffensein.

Du entwickelst dich physisch, intellektuell...
Du vermehrst deine Macht über die Dinge.
Du wirst schöpferischer, d. h. mehr Mensch.

- Durch deine Arbeit trittst du mit allen Menschen in Gemeinschaft; denn der Mensch ist nie allein schöpferisch tätig. Er braucht alle anderen, um zu leben und aufzubauen.
Selbst der Künstler bedarf, um sein Bild zu malen, der Brüder, die ihm Farbe und Pinsel anfertigen. Und um das zu tun, brauchen diese Menschen wieder andere...
Um nur einen einzigen Bissen Brot zu backen, um nur eine einzige Schraube festzuschrauben, um ein einziges Blatt Papier zu beschreiben,

67. Wenn in diesem Kapitel das Wort „Schöpfer" für den Menschen verwendet wird, dann wird es im Sinn von „Hervorbringer" (einer, der mit Gott etwas schafft) gebraucht.
Im eigentlichen Sinne ist der Mensch nie Schöpfer (einer, der aus nichts etwas schafft).

braucht der Mensch die Anstrengung aller Menschen
auf Erden.

- Du arbeitest nicht in erster Linie,
    um deine Kinder zu nähren,
du arbeitest nicht in erster Linie,
    um deine Zukunft zu sichern,
    um Geld zu verdienen;
du arbeitest vor allem, um deinen Brüdern einen Dienst
zu erweisen, und umgekehrt schenken dir deine Brüder
das, was du brauchst, um deine Kinder zu ernähren
und deine Zukunft zu sichern.

- Freilich geschieht es oft, daß die Arbeit:
    den Arbeiter zugrunde richtet,
    die Menschen voneinander trennt,
    die Welt in den Abgrund stürzt und die Güter
        der Schöpfung zum Nutzen einiger weniger
        mißbraucht,
    den stolzen Menschen zum Rivalen Gottes macht.
Nun soll die Arbeit aber
    den Menschen entfalten,
    die ganze Menschheit für ein und dieselbe Be-
        rufung zusammenschließen,
    die Welt für den Dienst am Menschen ausge-
        stalten und vollenden
    und dem himmlischen Vater Ehre erweisen.

- Als der Schöpfer das Universum schuf, schuf er
es gut:
    „Er sah, daß alles gut war."
Alles war in rechter Ordnung:
    die Welt unter der Herrschaft des Menschen,

der Leib des Menschen in Abhängigkeit von seinem Geist,
die Seele des Menschen verbunden mit Gott in
der Liebe.
Und dann:
der Aufruhr der Seele gegen Gott,
der den Aufruhr des Leibes gegen den Geist nach
sich zieht,
und der Aufruhr der Welt gegen den Menschen.
Alles ist jetzt Unordnung. Der Mensch muß „wiederhergestellt" werden, die Welt muß „wiederhergestellt"
werden.

- Gott hatte gesagt: „Erfüllet die Erde
und machet sie euch untertan."
Nun sagte er: „In Schmerzen wirst du Kinder gebären" (68). — „Im Schweiße deines Angesichtes wirst du arbeiten."
Die Geburt des Menschen und seine erste Erziehung
als besondere Aufgabe der Frau,
„die Geburt" des Universums und sein Aufbau
als besondere Aufgabe des Mannes
wurden auf Grund der Sünde zur Mühsal.

- Die Arbeit ist keine Strafe,
die Kindererziehung ist keine Strafe, aber diese
beiden „schöpferischen" Tätigkeiten sind für den Menschen jetzt schmerzvoll geworden; weil man wiederherstellen muß, kann dieses Leiden, wenn du willst, Erlösung werden.

68. Nicht nur physisch zur Welt bringen, sondern auch psychologisch, das heißt, das Kind großziehen und erziehen.

- Auf Grund der Erbsünde,
auf Grund der Sünde, die sich täglich in dein Herz ein-
schreibt, kann es hier auf Erden keine geglückte Schöpfung mehr geben ohne die Annahme der Erlösung.

- Die wahre Arbeit muß Freude hervorbringen, weil
am Ende jeder Erlösung die Auferstehung blüht.

- Deine Arbeit muß erlöst werden.
Der einzige wirkliche Erlöser ist Jesus Christus.
Wenn deine Arbeit schön und groß sein soll, braucht
sie Jesus Christus.

- Christus war jahrelang Zimmermann. Er hat die
Welt zunächst *durch die Arbeit erlöst.*

- Du mußt Christus den Erlöser in die menschliche
Arbeit einführen:
    Deine Seele als Seele eines Getauften,
    dein Verstand als Verstand eines Getauften,
    dein Herz als Herz eines Getauften,
    deine Hände als Hände eines Getauften
müssen die Dinge dort ergreifen und sie erlösen durch
die tägliche Arbeit, wohin dich der Vater mit einem
Auftrag gesandt hat.
Mit ihnen und gerade mit ihnen mußt du in der Welt
der Arbeit kämpfen gegen die Ungerechtigkeit, die Ent-
persönlichung, die Trennung, den Haß.

- Du mußt den Kampf der Arbeiter taufen. Christus
der Erlöser ist dir im Kampf gegen die Sünde inmitten
der Masse vorausgegangen; aber wenn du Ihm begegnen
und dich mit Ihm vereinigen willst:

in der Gewerkschaft,
bei der Wahl der Vertrauensmänner,
beim Unternehmerverband,
bei der Unterzeichnung des Kollektivvertrages,
beim Streik...
mußt du dich mit einer Seele einsetzen, in der der
Glaube, die Hoffnung und die Liebe leben.

- Dein Kampf verliert seine Wirksamkeit, wenn er
nicht mehr in Christus ein Kampf der Liebe ist.

- Du mußt aus dir einen „neuen Menschen" in Christus
machen, damit durch deine Arbeit und deinen Einsatz
in der Welt der Arbeit die Erde eine „neue Erde" wird.

- Die Faulheit, das ist die Weigerung, mit Gott an
der Vollendung der Welt mitzuarbeiten.

- Der Strauß der Blumenbinderin ist herrlich, weil er
so kunstvoll gebunden ist; aber der ungeschickte Strauß
des Kindes ist dem Herzen der Mutter unendlich teurer,
weil er mit viel Liebe zusammengestellt wurde.
Es hat wenig Bedeutung für dich, eine prachtvolle
Brücke zu bauen,
        der Schöpfer eines genialen Werkes zu sein oder
        auf der Maschine im kleinsten Büro einen unbe-
        deutenden Brief zu tippen.
Wichtig ist, daß du ganz auf deinem Platz stehst und
das Bestmögliche an Erlösung vollbringst in diesem
Moment und in diesem Stück der Schöpfung.

- Erwarte nicht das Paradies auf Erden, du würdest in
einer Illusion leben; denn genauso, wie du erst im Himmel

„vollendet" sein wirst, wird auch das Universum erst nach der Auferstehung des Fleisches endgültig seine Vollendung erlangen.

Kämpfe aber mit all deinen Kräften durch die Arbeit und in der Welt der Arbeit, denn das himmlische Paradies senkt seine Wurzeln tief in die Erde hinein.

- Du sollst deinen Leib stark und schön machen, aber erst deine Seele durchstrahlt ihn mit wahrer Schönheit.

Bei der Auferstehung wird dein Fleisch in gleichem Maße verklärt werden, wie das Licht Gottes deine Seele durchdrungen hat.

Du sollst dich um die Welt sorgen, sie durch die vollkommenste und schönste Arbeit aufbauen; aber sie ist Materie, und sie erwartet von dir eine „Seele".

Bei der Auferstehung wird die Schöpfung schön sein kraft der technischen Vollendung, kraft des Kunstgeistes, zunächst aber und vor allem kraft der *Liebe, die in sie gesät ist durch alle, die sie vollendet haben.*

„Einsatz" ist heute ein vielgebrauchtes Wort. Man verwendet es, um die Hingabe der Menschen an ihre Brüder, besonders in ihrem Kampf um menschlichere „Grundlagen" und Lebensbedingungen zu bezeichnen.

Der Mensch kann Gott nicht lieben, wenn er nicht seine Brüder liebt, und er liebt seine Brüder nicht, wenn er sie leiden läßt, ohne zu reagieren. Je größere Fortschritte die Welt macht, um so tiefer schreibt sich das Übel in das politische, wirtschaftliche und soziale Leben ein; in die Organisationen, Verordnungen, Gesetze ...; in die Dinge selbst, in all das, was man die „Grundlagen" nennt. Der Mensch leidet daran. Man kann sich, um den Menschen zu befreien, nicht zufriedengeben mit einer Einzellösung der Probleme, so großzügig sie sein mag, man muß den Kampf ebenso auf dem Gebiet dieser Grundlagen führen. Der Christ darf jedoch nie vergessen, daß es letztlich bei seinen Einsätzen um den Menschen geht, der gerettet, und um das ewige Reich, das aufgebaut werden muß.

- Wenn du einen Schwerverletzten auf der Straße liegen läßt, ohne ihm Hilfe zu bringen, wirst du verurteilt werden, weil du es unterlassen hast, einem Menschen in Todesgefahr beizustehen.

Jesus Christus hat gesagt (69), *daß du das ewige Leben*

69. Vgl. Die Parabel vom barmherzigen Samariter (Lk 10, 25—27); das Jüngste Gericht (Mt 25, 31—46): „ich hatte Hunger ... ich hatte keine Herberge ..."

nicht erlangen wirst, wenn du an deinem leidenden Bruder gleichgültig vorübergehst.

- Zu wissen, daß Menschen vor Hunger sterben,
    daß Menschen in Löchern leben oder überhaupt
    keine Unterkunft haben,
    daß Menschen arbeitslos sind oder einen Elends-
    lohn empfangen,
    daß Menschen Sklaven ihrer Arbeitsbedingungen
    sind,
    daß es Menschen gibt, die nicht lesen und schrei-
    ben können, Menschen, die von Epidemien
    vernichtet werden, verlassene Alte usw....
all das zu wissen und nichts zu tun, das heißt, seine eigene Verdammung vor Gott besiegeln.

- Es gibt auf Erden nicht mehrere Arten, Gott zu lie-
ben, sondern nur eine einzige: sich seinen Brüdern zu schenken. Es gibt lediglich mehrere Arten, sich seinen Brüdern zu schenken.

- Wenn du dein „inneres Leben" zu entwickeln suchst, ohne dein „äußeres Leben" mit deinen Brüdern zu ent-wickeln, täuschst du dich gewaltig, denn du kannst nicht beanspruchen, dich in der Stille deiner Seele mit Jesus Christus zu verbinden, wenn du den leidenden und sterbenden Christus neben dir dich rufen läßt.

- Wenn der Vater dir in der Welt einen Platz angewie-
sen hat und Er dich auf diesem Platz festhält,
    sage nicht: „Ich habe eine besondere Berufung";
    oder: „Ich helfe den Menschen auf geistige Weise".
Deine Brüder warten auf dich, auf deinem Grund-

stück, in deinem Viertel, in deinem Arbeitsbereich...
usw., und du kannst einer konkreten brüderlichen Liebe
nicht aus dem Wege gehen.

- Es stimmt zwar, daß Gott von manchen ein größeres
Maß an Kontemplation in ihrem Leben verlangen kann,
aber — abgesehen von Ausnahmen, die man überprüfen
sollte — dispensiert Er deshalb niemals von einer Liebe,
die sich in Taten äußert.

- Ordensleute, die die Sorge um die Menschen verloren hätten, und nicht nur die Sorge um deren geistige,
sondern auch um deren materielle Armut, wären Ordensleute, die den Sinn für Gott und seine Liebe verloren haben.

- Mißtraue deinem Ausweichen in geistige Höhen.
Du mußt „unendlich" in die Höhe wachsen (70),
darfst aber nie aufhören, die Erde „unten zu berühren"
(71).

- Was du tust, um die Leiden deiner Brüder konkret zu
mildern, garantiert die Echtheit deiner Liebe zu Gott.

- Wenn du siehst, daß zwei Menschen raufen, trennst
du sie, aber du versuchst ebenso, den Gegenstand ihres
Streites zu klären.
Wenn das Leitungswasser mehrere Menschen ver-
giftet, versorgst du die Kranken, aber du unternimmst
auch Schritte, daß das Wasser entgiftet wird.

70. Vgl. Der aufrechte Mensch. — Seite 23.
71. Vgl. Die zwei Dimensionen des Menschen. — Seite 29.

Das Leiden der Menschen hat zahllose Ursachen; du mußt deinen Brüdern beistehen, aber du mußt auch die Ursachen ihres Unglücks bekämpfen.

- Nicht nur die Einzelmenschen gilt es zu retten, sondern das ganze menschliche Leben und das, was es ausmacht: die Wirklichkeit von heute, sei sie politisch, wirtschaftlich, sozial...
Du mußt bei deinem Einsatz deine brüderliche Liebe zum Ausdruck bringen: nicht nur im Einzeldienst an deinen Brüdern, sondern auch im Dienst an der ganzen menschlichen Gemeinschaft durch den Einsatz bei den „Grundlagen".

- Dein Kamerad gewinnt im Unternehmen sehr schwer seinen Lebensunterhalt; du sehr leicht. Wenn du persönlich große Opfer bringst, um ihm zu helfen, so ist das lobenswert; aber die anderen, und die Ursachen...?
Eine gewisse Vollkommenheit der Liebe in den Einzelbeziehungen kann manchmal dein Gewissen beruhigen und die unermeßliche Aufgabe des vollen Einsatzes in der ganzen Gemeinschaft und für gerechtere und menschlichere Grundbedingungen verbergen.

- Du bist Zeuge eines Diebstahls. Wenn du nichts tust, um ihn zu verhindern; wenn du ihn ferner nicht anzeigst, bist du mitschuldig und verdienst eine Verurteilung.
Du bist in der Welt Zeuge für den Mangel an Liebe und für die Ungerechtigkeit, welche Leiden aller Art für einen Großteil der Menschen nach sich ziehen. Wenn du nichts tust und nichts sagst, bist du mitschuldig: *du trägst mit den anderen die Last dieser Sünden.*

- Die Welt ist in ihren Grundlagen so verdorben, daß
du bisweilen genötigt bist, am Bösen teilzunehmen:
Der Arbeiter muß in der Fabrik Bomben her-
stellen.
Der Kaufmann muß Alkohol verkaufen.
Der Standesbeamte muß Scheidungen eintragen.
Der Unternehmer muß, um Aufträge zu erhalten,
„dunkle Geschäfte" machen...
Du mußt darunter leiden; du kannst diese Übel nur
unter der Bedingung gelten lassen, daß du dich anderswo
„einsetzt", um gegen diese Welt in Unordnung zu
kämpfen.

- „Soweit du es kannst, mußt du es dir vor jedem
menschlichen Leiden
nicht nur angelegen sein lassen, es ohne Verzug
zu lindern, sondern darüber hinaus es in seinen
Ursachen zunichte zu machen;
nicht nur angelegen sein lassen, seine Ursachen
zunichte zu machen, sondern darüber hinaus
es ohne Verzug zu lindern.
Keiner ist im Ernst gut, gerecht und wahr, sofern er
nicht entschlossen ist, der einen wie der anderen dieser
Aufgaben sich mit gleicher Hingabe und mit seinem ganzen Sein, entsprechend seinen Mitteln, zu weihen (72)."

- Wenn alle Menschen zu essen hätten,
ein Haus,
ein Auto,
einen Eisschrank...

72. Auszug aus „Règle de vie des Compagnons d'Emmaus",
zitiert auf der Titelseite der Zeitschrift „Faim et Soif".

wenn alle Menschen eine gediegene Bildung hätten,
     einen Beruf;
wenn die Gelehrten und die Techniker die Erde be-
     zwungen,
          die Mediziner den Krebs, die Kinderlähmung, die
          Lepra und alle Krankheiten besiegt hätten...
wenn die Gesellschaft wirtschaftlich, politisch, sozial,
     gesund strukturiert wäre,
wäre dann die Welt endlich ein Paradies, in dem die
Menschen glücklich leben würden?
Nein, wenn das Herz des Menschen nicht verwandelt
würde.

- Du mußt dich einsetzen und mit allen deinen Kräften und Mitteln kämpfen für die Grundlagen und Voraussetzungen eines menschlicheren Lebens, aber du
mußt dich hüten vor der Täuschung, daß sie das All-
heilmittel wären.

- Muß man zuerst den Menschen
     oder die Gesinnungen
     oder die Strukturen ändern?
Bemühe dich, alles gleichzeitig zu ändern.
Vergiß aber nicht, daß es dabei letztlich immer um
den Menschen geht, denn gerade der Mensch steht auf
dem Spiele.

- Das Böse sitzt im Menschen, und zwar so tief, daß
kein Mensch es herausreißen kann ohne die Hilfe eines
Gottes.
Die Welt braucht den Christen, den Mensch-Christus,
sie braucht dich, um die Menschen und die Grundlagen
zu retten.

- Der Mensch ist eine „Einheit", es muß — in ein und derselben Bemühung — der ganze Mensch gerettet werden, nicht heute sein Leib und morgen seine Seele.

- Du mußt die Welt retten, das ist deine Berufung als Mensch.

Du mußt die Welt in Christus retten, das ist deine Berufung als Christ; aber wenn du dich als „Christen-mensch" einsetzt, rettest du durch ein und dieselbe Tat die Welt und rettest du sie in Christus.

- Alle deine Einsätze müssen im Glauben geschaut und gelebt werden.

- Du bist Glied des großen Leibes der Menschheit.

Du bist Glied des großen Mystischen Leibes.

In jedem Leib spielt jedes Glied seine Rolle.

Nicht die Phantasie und der Geschmack dürfen die Wahl deines Einsatzes leiten, sondern der Wille, dem Wunsche des Vaters mit dir besser zu entsprechen.

- Halte dir also vor Augen: die Geschenke, die der Herr deinen Händen anvertraut hat,

den Ort, an den Er dich gesandt hat,

die Menschen, unter denen Er dich deinen Weg gehen läßt, damit

du die Aufgabe entdeckst, die Er dir zugedacht hat.

- Wenn du zu einer Gruppe gehörst, laß dich unter-stützen und kontrollieren von deinen Brüdern; ihr müßt ja miteinander die Welt retten.

- Viele, Schwache oder Feige, und auf jeden Fall

Egoisten, setzen sich nieder, damit sie nicht zu gehen brauchen.

Es ist besser, man riskiert ein wenig Schmutz, wenn man geht, als sitzend zu sterben.

– Der Wert des Einsatzes kommt nicht von seiner menschlichen Bedeutung, sondern vom Grad des Dabeiseins, von der Verfügungsbereitschaft und von der Liebe, die du für diesen Einsatz mitbringst.

– Dein erfolgreicher und echter Einsatz setzt voraus,
    daß du, vom Glauben erleuchtet,
    von der Hoffnung mit Vertrauen erfüllt,
    von der Liebe verzehrt für die Liebe,
dich selbst und deine Tat in den Plan des göttlichen Vaters einschaltest.

Dann wirst du ehrlich sagen können: „Vater unser im Himmel, *Dein Reich komme.*"

Schrecklich ist das Elend der unterentwickelten Länder
und alarmierend ist die Sorglosigkeit der entwickelten
Länder, die nicht alles tun, um ihre leidenden Brüder zu
retten. Infolge ungenügender Liebe wird der Graben
zwischen Privilegierten und Betrogenen täglich größer. Die
Welt läuft Gefahr, demnächst ins Chaos zu stürzen. Ein
Christ muß daher endlich die Verantwortlichkeit spüren, die
er mit allen Menschen trägt; denn der Herr hat ihm befohlen, die anderen wie sich selbst zu lieben.
Wir haben diese Zeilen ausgehend von den Gedanken und
den Worten Abbé Pierres geschrieben. Wir geben ihn nicht
immer wörtlich wieder, glauben aber, das Wesentliche
unseres Gespräches klar gefaßt zu haben.

- Wir wissen, daß zur Zeit auf der Welt zwei Drittel
unserer Brüder unterernährt sind, daß Millionen keine
Behausung, keine Schulbildung haben usw. . . .
Wenn wir nicht alles tun, um sie zu retten, wird uns
das Elend der Menschheit verdammen.

- „Was hast du getan?" wiederholt der Herr; „die
Stimme des Blutes deines Bruders schreit von der Erde
bis zu mir" (73).

- Eine Nation mobilisiert bei einem Angriff alle ihre

73. Gen 4, 10.

wirtschaftlichen und menschlichen Kräfte, um das Volk zu retten.

Wenn angesichts des Elends, des erklärten Feindes von zwei Dritteln der Menschheit, das privilegierte Drittel nicht alle seine wirtschaftlichen und menschlichen Kräfte mobilisiert, wird es zugrunde gehen.

- „Ein einziger Krieg ist zu jeder Zeit und unter allen Umständen gerecht, der Krieg gegen das Elend" (Abbé Pierre).

- Weil wir ein wenig hergeben, retten wir viele Menschen;

aber weil wir nicht alles geben, lassen wir diese Menschen nicht anständig und vor allem nicht würdig leben, das heißt aus eigener Kraft und nicht von unseren Almosen.

Daher werden diese Menschen sich bewaffnen, um uns niederzuwerfen und zu vernichten. Wir haben sie nicht genug geliebt, und so werden sie uns hassen.

- Weil wir ein wenig hergeben, ermöglichen wir einer beträchtlichen Zahl von Menschen, ein Minimum an Kultur zu erreichen.

Aber weil wir nicht alles geben, lassen wir sie nicht in sich selbst die Mittel finden, ihr Elend zu überwinden.

Daher werden diese Menschen immer mehr erkennen, daß sie leiden, daß sie weiter leiden werden, und sie werden sich empören.

- - Wenige Menschen gibt es, die eines Tages diejenigen hassen, die sie wirklich geliebt haben, das heißt, die sich in völliger Selbstlosigkeit, nicht bloß in materieller Selbstlosigkeit, sondern bis zum Verzicht auf jeden Wunsch nach Dankbarkeit verschenkt haben.

- Das Kriterium des Niederganges
     einer Person,
     einer Gesellschaft,
     einer Kirche
liegt darin, ob sie an erster Stelle den Mächtigsten und den Reichsten dient, statt vor allem den Leidenden und den Ärmsten zu dienen.

- Die Sorglosigkeit und die Unreife der privilegierten Völker ist erschreckend. Sie wenden Millionen dafür auf, um einen auf einem Berggipfel verlorenen Menschen zu retten oder einen Schiffbrüchigen zu suchen, während sie zur gleichen Zeit Millionen anderer vor Hunger sterben lassen, die eine Handvoll Reis retten könnte.

- Was wird, wenn Ehegatten sich streiten und böse werden, am wirkungsvollsten die Zänkereien und Zwistigkeiten zum Verstummen bringen? Die Aufopferung für ihr krankes oder sterbendes Kind.
Die Menschen von heute werden sich auch im Bereich der Wohnviertel, der Gemeinden, innerhalb der Nationen und auf Weltebene nur zusammenfinden, wenn sie alle Kräfte mobilisieren, um ihren Brüdern, die am meisten leiden, zu dienen.

- Von dem Augenblick an, da der Mensch sich sein Wohlergehen zum Ziel setzt, weiht er sich dem Untergang und dem Tode.
Der Mensch des Abendlandes, der ein Sklave der

immer unerbittlicheren Bedürfnisse geworden ist, muß sich wieder einen echten Lebensgrund geben, oder er verurteilt sich zum Verschwinden,

von sich selbst aus durch inneren Zerfall

oder durch die unzählige Armee der Leidenden, die Schluß machen werden, indem sie sich unwiderstehlich erheben.

- Ein einziger Lebensgrund entspricht dem wesentlichen Drama der modernen Welt: nicht mehr bloß der Kampf gegen die ungerechte Ungleichheit der sozialen Klassen, sondern der Kampf gegen die erschreckende Unterentwicklung ganzer Völker.

- „Der Mensch wird erst von dem Augenblick an gerettet, da er selbst zum Retter wird" (Abbé Pierre).

- Wer du auch sein magst, der du dieses Buch liest, du bist, selbst wenn du arm bist, dennoch privilegiert, weil du in einem privilegierten Lande lebst. Jedes Privileg ist aber eine Verantwortung:

das Privileg des Geldes und der materiellen Güter,

der Gesundheit,

der Kultur,

der Erziehung,

des Glaubens.

Je höher die Privilegien sind, um so größer ist die Verantwortung und um so härter wird deine Verurteilung sein, wenn du deine Privilegien nicht zum Wohle aller einsetzt.

- Stell dir vor, daß du durch ein Zusammentreffen

außergewöhnlicher Umstände nicht weißt, daß einer deiner Brüder noch lebt und sich in Not und Todesgefahr befindet, so bist du für seine Rettung nicht verantwortlich.

Aber eines Tages erfährst du von seinem Dasein und von seinem Leiden. Wenn du dann nicht alles tust, um ihn zu retten, verdammst du dich endgültig vor den Menschen und vor Gott.

- Würdest du sagen: „Diese Woche habe ich meine Frau nicht geschlagen, ich habe kein Gift in ihre Speisen gegeben... daher liebe ich sie"?

Also sage auch nicht: „Diese Woche habe ich meinem Nächsten nichts Böses zugefügt... daher liebe ich ihn, ich bin in Ordnung."

- Der Herr hat uns nicht bloß befohlen, „unserem Nächsten nichts Böses zuzufügen" (so können die Heiden leben),

sondern unseren Nächsten wie uns selbst zu lieben.

- „Wenn ‚lieben wie mich selbst' nicht bedeutet, daß ich ihm zuerst diene, wenn er weniger glücklich ist als ich, was bedeutet es dann?" (Abbé Pierre).

- „Wir müssen, ehe wir an uns denken, denen zu Diensten stehen, die mehr leiden als wir" (Abbé Pierre).

- Wenn du glücklich sein kannst ohne die anderen,

wenn deine Zeitgenossen glücklich sein können ohne die anderen, dann wirst du und werden deine Zeitgenossen verdammt werden; denn „Du sollst deinen Nächsten lieben wie dich selbst" ist kein evangelischer

„Rat", sondern ein Gebot. Der Rat lautet: „Gehe hin, verkaufe alle deine Güter und folge mir nach."

- Was du über das hinaus, was für dich und die Deinen zu einem ordentlichen Leben notwendig ist, an Gütern besitzt, gehört nicht dir, sondern den anderen. Wenn du es zurückbehältst, bist du ein Dieb.

- Wenn du direkt oder indirekt den Überschuß deiner Güter hergibst, bist du nicht ein Muster christlicher Liebe... und verdienst du keine Bewunderung; du tust nur deine Pflicht und nichts weiter.

- Deinen Überschuß hergeben heißt nicht unbedingt austeilen, es heißt auch fruchtbar machen, aber für die anderen.

- Es handelt sich nicht darum, die Menschen völlig gleich zu wollen, sondern
zu kämpfen gegen eine zu große Ungleichheit,
die zu „bekehren", die Schätze anhäufen zum Nachteil ihrer Brüder.
Die Menschen sind dazu geschaffen, daß sie ihre Reichtümer in der Liebe austauschen.

- Wenn ein Mensch vor deinen Augen ertrinkt, verliere nicht deine Zeit, um zu sagen: „Er ist selbst schuld, er hätte schwimmen lernen sollen."
Zieh ihn aus dem Wasser und bring ihm das Schwimmen bei.
Und wenn er es nicht lernen will, so bist du deiner Pflicht noch nicht ledig; du mußt ihn überreden und ihm helfen, daß er es will.

- Sage von keinem Menschen (oder von keinem Volke): „Er ist selbst schuld, wenn er im Elend ist; er hätte sich nur entwickeln brauchen wie ich." Du würdest dich damit verurteilen.

- Denn deshalb, weil einer weniger begabt ist als du, weil er weniger materielle Möglichkeiten hat, und sogar weil er faul und verdorben ist, hast du nicht das Recht zu stehlen, was ihm gehören sollte.

Wenn du begabter bist als er, wenn du mehr materielle Möglichkeiten hast, wenn du mutiger und kraftvoller bist, dann mußt du vielmehr ihm mit allen deinen Kräften helfen, damit er fähig wird, sich selbst zu retten.

Du wirst daher mit deiner Liebe nie zu Ende kommen.

- Weil du nicht „als einzelner" für das Elend auf der Welt verantwortlich bist, sondern mit allen Menschen gemeinsam,

bist du nicht einzeln verantwortlich für ihre Rettung, sondern in Verbindung mit den privilegierten Menschen.

Der gemeinsamen Verantwortung entspricht die Verpflichtung zum Einsatz in einer gemeinsamen Bemühung.

- Sage nicht: „Ich kann da nichts tun"; du kannst sehr viel tun;

träume nicht von außergewöhnlichen Aktionen, sondern sei hellsichtig für die Möglichkeiten, die dir dein Alltag bietet;

setze dich zuerst und vor allem in deinem Milieu ein, um innerhalb der beruflichen, politischen, familiären Organisationen zu kämpfen... Direkt oder indirekt wirst du auf diese Weise gegen das Elend und für den „menschlichen Aufstieg" kämpfen.

Bringe regelmäßig ein finanzielles Opfer zugunsten der Bewegungen, die für die Befreiung der Geringsten arbeiten. Suche dich über die erschreckende Not der unterentwickelten Völker persönlich zu unterrichten und mache sie auch in deiner Umgebung bekannt. Die öffentliche Meinung wird immer mächtiger, sie muß jeden möglichen Druck einsetzen, um das Gewissen der einzelnen und der Völker zu wecken.
Nimm täglich in dein Gebet die Menschheit herein, die am meisten leidet.

- Das Gebot gilt für alle, der Rat für einige.
Manchen wird vielleicht mehr aufgetragen sein.
Der Gipfelpunkt der Liebe besteht darin, daß man sich unter die einreiht, die am meisten leiden, und „einer von ihnen" wird, um mit ihnen, inmitten ihres Elends, die Mittel und die Macht des Heils zu entdecken.

- Was wird dir der Herr beim Letzten Gericht vor „allen versammelten Völkern" sagen?
„Ich war hungrig und du gabst mir zu essen; ich war durstig und du gabst mir zu trinken; ich war ein Fremdling und du hast mich beherbergt; ich war nackt und du hast mich bekleidet; ich war krank und du hast mich besucht; ich war im Gefängnis und du bist zu mir gekommen..." oder „du gabst mir nicht zu essen, du gabst mir nicht zu trinken" usw. ... (74).
Hier liegt das Problem für das Gelingen oder das Versagen deines Lebens (und des Lebens der privilegierten Völker); wenn du davon nichts wissen willst, ist alles übrige nur Täuschung.

74. Mt 25, 31—46.

DER MENSCH
UND SEIN LEBEN IN CHRISTUS

DER MENSCH MIT „KURZER SICHT",
ODER DIE „DOPPELTE SCHAU" DES CHRISTEN

Wenn der moderne Mensch nachdenkt, gerät er der Welt gegenüber in Unruhe und sogar in Angst. Ob sie sich ihm mehr und mehr erklärt, ob er sie beherrscht und sich dienstbar macht, er bleibt unfähig, ihr einen Sinn zu geben. Der Christ aber durchdringt mit dem Glauben das Geheimnis der Welt!
Zu viele „Gläubige" reduzieren jedoch den Glauben auf einen menschlichen Glauben: für die „Gutgesinnten" ist er eine Vielfalt von guten Grundsätzen, für die Tugendhaften ein Kodex des moralischen Lebens, für die Frommen die Ergänzung der religiösen Riten; aber für wie viele ist der Glaube jenes Licht, das das ganze Leben erleuchtet und es bis in die kleinsten Einzelheiten ausrichtet?

- Wo du vielleicht nur einen Wassertropfen siehst, sieht der Gelehrte im Mikroskop eine Welt von Lebewesen, die in Bewegung sind.

Wo du vielleicht nur ein „Ding" siehst, sehen der Dichter und der Künstler das Zeichen einer größeren und schöneren Wirklichkeit.

Wo der Mensch nur lebendige Personen und Geschehnisse als Ergebnis des Zufalls sieht, sieht der Christ Kinder Gottes, die wachsen, und das Reich des Vaters, das aufgebaut wird.

- Seit der Fleischwerdung ist die Erde vom Himmel durchdrungen, und jedes Ding, jedes Ereignis, jeder

Mensch besitzt ein doppeltes Gesicht: ein irdisches und ein himmlisches. Nur der Christ kann das Universum und die Menschheit in ihrer ganzen Wirklichkeit betrachten, denn er allein besitzt den Glauben, diese „doppelte Schau", die ihm gestattet, über die Erscheinungsformen hinaus die Welt in ihrer *Ganzheit* zu durchdringen. So ist der Glaube keine Einschränkung, sondern eine Entfaltung, durch ihn vertauschst du deinen kurzsichtigen Blick mit dem Blicke Gottes selbst.

- Deine Sinne vermitteln dir eine Schau aus dem Fleische.

Dein Verstand eine Schau aus der Vernunft.

Dein Glaube eine Schau aus Christus.

Durch die Schau Christi, die der deinen aufgepfropft ist, kannst du Gott, das Universum, die Menschen und dich selbst erkennen, wie Er sie erkennt und wie Er sich selbst erkennt.

- Nicht du kannst den unendlichen Reichtum des Glaubens erwerben. Er ist eine Gabe Gottes. Er ist das wunderbare Geschenk Christi bei deiner Taufe durch die Vermittlung der Kirche: „Was begehrst du von der Kirche Gottes? — Den Glauben." Wenn dir aber Jesus Christus *geschenkt* ist, um dein ganzes Sein zu ergreifen und deinen Verstand unendlich zu erhöhen, mußt du Seine Freundschaft bewahren und dich immer fester an Ihn *anklammern. Glauben heißt, immer Christus begegnen und dadurch mit Seinem Blick schauen lernen.*

„Ich bin das Licht der Welt. Wer mir nachfolgt, wird nicht im Finstern wandeln" (75).

75. Jo 8, 12.

- Unter den Menschen, die sich als Gläubige bezeichnen, gibt es solche, die meinen zu glauben:

Ich habe „meinen" Glauben.

Ich bin „gutgesinnt", ich schärfe meinen Kindern „gute Grundsätze" ein.

Der Glaube „ist brauchbar im Leben", besonders bei Prüfungen.

Ich habe „mein Gewissen".

Ich bin gläubig: ich verrichte mein Gebet, ich gehe in die Messe, ich halte meine Ostern und beobachte das Fasten am Freitag.

Es gibt Menschen, die meinen, nicht mehr zu glauben oder weniger gut zu glauben:

Ich glaube nicht mehr wie früher.

Das sagt mir nichts mehr.

Ich empfinde nichts, mein Glaube nimmt ab.

Ich habe Glaubenszweifel.

Ich habe den Glauben verloren.

Beide verunstalten den Glauben, sie siechen im Zweifel und in der Mittelmäßigkeit dahin oder leben in der Illusion und im Irrtum. Sie wissen nicht, was der Glaube ist.

- Der Glaube ist nicht:

ein Eindruck oder ein Gefühl,

eine bestimmte Form des Optimismus gegenüber dem Leben,

die Befriedigung eines Sicherheitsbedürfnisses.

Er ist auch nicht:

eine Meinung,

eine Regel für ein moralisches Leben,

eine auf einer Schlußfolgerung begründete Überzeugung,

eine wissenschaftliche Erkenntnis,

eine gesellschaftliche Haltung als Frucht der Erziehung.

Der Glaube ist zunächst *eine Gnade* (die keimhaft in der Taufe empfangen wurde), das heißt eine *Gabe Gottes.* Diese Gnade vermittelt uns die *Begegnung mit einer lebendigen Person, mit Jesus Christus,* sie ermöglicht uns, Gewißheit zu erlangen, daß Er wahr geredet hat, daß Sein Zeugnis durch Wort und Leben einwandfrei ist. Gestärkt durch diese Sicherheit, besteht der Glaube dann darin, daß wir uns *Seine Schau* über uns selbst, die anderen, die Dinge, die Menschheit, die Geschichte, das Universum, Gott selbst aneignen und uns *einsetzen im Dienste dieser Schau.*

- Für den Christen ist die Wahrheit in erster Linie eine Person, und dann eine Lehre: „Ich bin *die Wahrheit.*" Auf dieser Welt ist das Zeichen unserer Verbindung mit dieser Person unsere Verbindung mit der Kirche, weil die Kirche der fortlebende Christus ist.

- Der Verstand läßt dich ein kleines Stück Weges auf den Glauben hin tun, aber er kann dir den Glauben nicht geben. Mag es tatsächlich vernünftig sein zu glauben, kein Vernunftschluß führt zu der Fleischwerdung Gottes in Jesus Christus, zu der Einheit der göttlichen Natur in drei Personen; zu der Gotteskindschaft dieses Nordafrikaners oder jenes Schwarzen; zu der Vollendung des Geheimnisses der Schöpfung beim Bau dieser Brücke, bei der Geburt dieses Kindes; zu der Vollendung des Mysteriums der Erlösung bei diesem Kranken im Spital.

- Die Phantasie und das Empfindungsvermögen sind noch weniger fähig, dich gläubig zu machen oder deinen

Glauben zu vermehren. Ängstige dich nicht, wenn du nichts empfindest. Im Gegenteil, erst wenn du endlich damit einverstanden bist, nichts mehr auf menschliche Weise zu begreifen, nichts mehr zu beweisen, wirst du wirklich in den Glauben eingetreten sein. Wenn du wie Gott verstehen und sehen willst, mußt du als Mensch sterben.

- Durch die Propaganda wird Omo mehr als Persil oder Persil mehr als Omo verkauft, aber die Propaganda kann nicht den Glauben schenken.

Die Propaganda hängt von der Technik ab; der Glaube hängt vom Gebet ab, weil er eine Gabe Gottes ist.

Die Propaganda übt einen Druck auf die Freiheit aus; der Glaube verlangt volle Freiheit, weil er eine persönliche Antwort des Menschen an Gott ist.

Wenn du deinem Bruder helfen willst, brauchst du nicht zu demonstrieren, sondern mußt du lieben und beten; du brauchst nicht zu überreden, sondern mußt das Wort überliefern und Zeugnis ablegen.

- Wenn du glücklich sein willst und dein Leben Erfolg haben soll, begnüge dich nicht mit dem kurzsichtigen Blick des Menschen. Begegne Christus, verbinde dich mit Ihm und übe dich, wie Er zu denken, wie Er zu reagieren, wie Er zu „sehen", wie Er zu leben. Er wird dir Seinen Blick geben, du wirst den wahren Sinn des Lebens und der Welt erkennen, und du wirst später mit Ihm und in Ihm ein ewig SCHAUENDER sein.

Der Glaube ist ein Geschenk Gottes. „Niemand kann zu mir kommen", sagt Christus, „wenn ihn mein Vater, der mich gesandt hat, nicht zieht" (76). Weil aber der Glaube auch eine persönliche Antwort des Menschen ist, kann dieser mit der Gnade Gottes arbeiten, um ihn zu entwickeln. *Alles spielt sich ab in der Treue zu Christus durch die Kirche.* Einen größeren Glauben haben wird bedeuten, immer mehr Christus anhangen: durch das Evangelium, das Gebet, die Sakramente und das tägliche Leben.

- Der in der Taufe empfangene Glaube ist ein Samenkorn, aber ein Samenkorn ist geschaffen zur Bildung einer Pflanze, und die Pflanze ist bestimmt zur Bildung der Frucht.

- Dein Glaube kann wachsen, aber nicht:
    wenn du unaufhörlich nach neuen „Glaubensgründen" suchst;
    wenn du dir die Güte, die Macht, die Liebe Gottes „vorstellst";
    wenn du versuchst, die Gegenwart des Herrn zu „fühlen";
    wenn du dir einbildest, besser zu glauben.
Dein Glaube wird wachsen, wenn du dich einsetzt für

76. Jo 6, 44.

die Nachfolge Christi, nicht nur in religiösen Handlungen, sondern Tag für Tag, *in deinem ganzen Leben:* „Wenn einer mein Jünger sein will, folge er mir nach!" „Nur der Glaube gilt etwas, der durch die Liebe wirksam ist" (77).

- Dein Glaube kann schwächer werden, er kann sterben. Wie? Wenn du Jesus Christus verläßt und dich wieder den Götzen zuwendest.

Was sind deine Götzen?

Dein Leib? Diese oder jene Leidenschaft...

Dein Verstand? Die Bindung an eine bestimmte Idee, an eine Methode, an bestimmte Mittel...

Dein Gefühl? Eine ungestüme Sympathie?

Deine Reichtümer? Welche?

Dein neuestes Kostüm?

Deine Stelle in der Postverwaltung?

Dein Dreigangfahrrad?

Deine Waschmaschine?

Dein Wagen?

Oder die Aktion um der Aktion willen, weil du es liebst, dich „auszugeben";

die Produktion um des Gewinnes willen, weil du Geld verdienen willst;

der Kampf der Arbeiter um des Kampfes willen, weil du den Streik liebst, weil du leidenschaftlich bist, weil du es auf die, die ungerecht sind, „abgesehen" hast.

Du kannst nicht zwei Herren dienen. Du mußt wählen. *Der Glaube, das heißt Jesus Christus wählen...* und alles übrige, aber *für Jesus Christus* und das Reich des Vaters.

77. Gal 5, 6.

Wenn dein Glaube schwach wird, dann bedeutet das immer eine Rückkehr zu dir und eine Verweigerung des Einsatzes.

- Du hast „Glaubensschwierigkeiten"? Welche?

Intellektuelle Hindernisse? Schlage dich nicht mit Ideen herum, begegne Jesus Christus; du wirst dann ruhiger und erfolgreicher in Seinem Lichte nachdenken.

Hindernisse angesichts der Kirche? — Stoße dich nicht an Kirchenfahnen, an Kerzen, an Soutanen, an Warnungen, an Verurteilungen..., eile zu Jesus Christus. Der Herr, der im Evangelium und in der Eucharistie lebt, wird dir zu erkennen geben, daß Er derselbe Herr ist, der in der Kirche lebt.

Moralische Hindernisse? Flehe Jesus Christus an. Er wird dir helfen und dir verzeihen durch das Sakrament der Buße. Deine Glaubensschau wird ihre Klarheit wiedergewinnen; denn wenn du klar sehen willst, mußt du deine Brille reinigen; wenn du in die Ferne sehen willst, mußt du von dir fortgehen.

- Beruhige dich. Wenn du ehrlich und großherzig bist, sind deine Glaubenskrisen nur Wachstumskrisen. Die Hindernisse sind Gelegenheiten zum Aufstieg. So zwingt der Staudamm das Wasser zum Steigen, um ihm eine neue Kraft zu geben. Aber je mehr du im Glauben Fortschritte machst, um so mehr wirst du der Nacht begegnen, denn Gott wird auf Erden immer ein verborgener Gott bleiben. Das Licht der Menschen kann Ihn nicht aufdecken, es ist selbst ein Hindernis, das feinste Hindernis; denn wenn du geneigt bist, die Menschen, die Ereignisse, die Welt auf menschliche Weise zu „sehen", wird deine Glaubenssicht verkümmern.

- Sei kein Mensch mit einem verkrüppelten Glauben. Entwickle dich harmonisch und gib dich als Erwachsener nicht zufrieden mit deinem Jünglings- oder gar Kinderglauben.

- Der Jüngling entdeckt, daß er eine einmalige Person ist, eine kleine Welt, die von der äußeren Welt verschieden ist. Zitternd macht er eine Bestandsaufnahme; dann beruhigt er sich langsam im gleichen Maße, wie er sich versteht, und wird Herr über sich. Nachdem er so kurze Zeit durch sein eigenes Problem in Anspruch genommen war, erhebt er nun die Augen und entdeckt — als Erwachsener — die Welt und seinen Platz in der Welt, an dem er tätig sein muß.

Gleichlaufend vermittelt der Glaube im allgemeinen dem Jüngling eine Begegnung mit dem historischen Christus als einer lebendigen Person, mit der man von Mensch zu Mensch Beziehungen bis zur innigsten Freundschaft anknüpfen kann. Der Glaube des Erwachsenen bewahrt all das, und indem er diese tiefe Verbindung entwickelt, läßt er ihn *das Geheimnis des ganzen Christus* entdecken:

Christus, Zentrum und Fülle der Geschichte;

Christus, Zentrum der Welt

und am Werk in der Welt durch Seinen Heiligen Geist, damit das Reich verwirklicht werde.

- Wenn du aus dem Glauben eines Erwachsenen lebst, wirst du deine Existenz nicht mehr scheiden: einerseits in das christliche Leben, andererseits in das Leben überhaupt. Es wird nur eine große friedvolle Bemühung deines ganzen Seins geben, um in Christus — mit Ihm und durch Ihn — durch das unbedeutendste deiner Worte und die kleinste deiner Gesten dem Plan des Vaters anzuhangen, der sich in der Welt entfaltet.

Du wirst „das Ziel erreicht" haben, wenn du ehrlich sagen kannst, „Christus ist mein Leben".

Der Mensch wird nie glücklich werden und die Welt nicht
glücklich machen können, wenn er nicht Jesus Christus begegnet.

Die Religion des Menschen wird immer nur eine leere
Geste ohne Sinn bleiben, eine unklare Sentimentalität, ein
Suchen nach Sicherheit oder einfach eine soziologische
Haltung, wenn Christus nicht innerlich aufgenommen wird.

Der Herr lebt nun im Evangelium. Er erwartet uns, um
mit uns ein geheimnisvolles Zwiegespräch zu beginnen.

Viele Christen scheitern bei ihrem Umgang mit dem Evangelium. Sie ermangeln nämlich der Ausdauer, der Bereitschaft, oder vielleicht mehr noch, sie wissen nicht, wie man
der Heiligen Schrift nahekommt. Es geht nicht darum, das
Evangelium anzupassen, das Evangelium in einer menschlichen Darstellung zu verwischen; es geht darum, den
Menschen beizubringen, was das Evangelium ist und wie
sie es betrachten müssen, um sich aus ihm zu nähren.

- Das Evangelium langweilt dich?

   Du kennst davon nur gewisse Stellen, die du mit
   halbem Ohr bei der Sonntagsmesse gehört hast.

Du hast dein Evangelium von Zeit zu Zeit geöffnet
und „du hast darin nichts gefunden"?

   Das Evangelium ist kein magisches Buch, das
   man gelegentlich befragt, um darin die Lösung
   für ein schwieriges Problem zu suchen.

Du hast das Evangelium regelmäßig gelesen, weil
man es dir geraten hat, und „es hat dir nichts gegeben"?

Das kommt daher, weil du das Evangelium wie
ein gewöhnliches Buch liest und weil du darin
nicht das suchst, was du darin finden sollst.
Wenn du an das Evangelium vor allem herantrittst
wie
ein Wissenschaftler (78),
ein Historiker,
ein Aktivist;
wenn du in ihm zunächst einmal
Gefühle,
Gedanken,
religiöse Rezepte,
Richtlinien für deine Moral suchst,
täuschst du dich, und du wirst sehr schnell enttäuscht
sein. Du gleichst einem Christen, der den Speisekelch
bis in alle Einzelheiten betrachtet und nichts von der
Hostie weiß.

- Wenn du dich dem Evangelium näherst wie einem
Buch, das von Menschen stammt, wirst du in ihm nur
menschliche Gedanken und Anweisungen finden. Wenn
du an es herangehst wie an ein Werk, das vom Heiligen
Geist diktiert wurde, dann werden die Worte in dir
und in deinem Leben Samenkörner für die Ewigkeit sein.

- Willst du auf echte Weise am Evangelium teilhaben?
Dann mußt *du dich ihm religiös und voller Offenheit nähern,*
um zu *hören* und zu *sehen* (das heißt zu betrachten)
Jesus Christus, den Lebendigen,

78. Das schließt gewiß nicht die Notwendigkeit eines wissen-
schaftlichen Studiums des Evangeliums aus. Es handelt sich hier
also um *eine andere Haltung,* die nicht auf direkt derselben Ebene
liegt, nämlich um die Haltung des geistlichen Lebens.

der sich heute an dich wendet, durch sein Leben und seine Worte.

– Bewußt oder unbewußt hungerst du nach dem Evangelium.

Das absolute Schweigen jagt dir Furcht ein, denn wenn du dich von den anderen entfernst, vernimmst du nur mehr deine Stimme ohne Echo, und dieser beängstigende Monolog beunruhigt und erschreckt dich.

Das Wort des anderen enttäuscht dich, denn seine Worte sterben und füllen dein Schweigen nicht aus.

Du brauchst ein Wort, das in Ewigkeit forttönt.

Habe Ehrfurcht vor diesem Hunger, denn er ist in dir jenes Teilchen der schöpferischen Liebe, das nach der göttlichen Liebe ruft, um einen Tausch einzugehen. Es ist der Hunger nach einem lebendigen und unendlichen Wort, es ist der Hunger nach dem Evangelium.

– Du sagst: „Ich rede zu Gott und er antwortet nicht." Du täuschst dich. Von aller Ewigkeit her bist du zum Zwiegespräch aufgerufen.

Die ganze Menschheitsgeschichte ist gekennzeichnet durch die Bemühungen Gottes, mit dem Menschen in ein Gespräch einzutreten. „Vielmals und mannigfach hat einst Gott zu den Vätern durch die Propheten gesprochen. Jetzt hat Er am Ende der Tage zu uns durch Seinen Sohn geredet" (79).

– Wenn du dich über das Schweigen Gottes beklagst, so kommt das daher, daß du dein Ohr nicht dem Evangelium zuwendest.

79. Hebr 1, 1.

- Im Evangelium nimmt Gott das Gespräch mit dir in Dienst. Antworte Ihm. So kannst du mit dem lebendigen Christus in Austausch treten.

- Das Glück des Liebenden besteht darin, sich allmählich dem Geliebten zu erschließen. So erschließt sich ihm Gott, der von Ewigkeit her den Menschen unendlich liebt, in der Heiligen Schrift. Seine Freude besteht darin, daß Er sich anvertraut. Merkst du darauf?

- Würdest du den Brief deines Verlobten ungelesen auf dem Tisch liegen lassen?
Warum läßt du dein Evangelium ungeöffnet im Kasten liegen?
Als Post findest du heute einen Brief des Sohnes Gottes für dich.
Was sagt dir Jesus Christus für dein Tagwerk?

- Jesus Christus hat der Kirche Seinen Leib gelassen, aber Er hat ihr auch Sein Wort gelassen. In der Eucharistie lebt Jesus, im Evangelium spricht Er. Tritt an das Evangelium heran, wie du an die Eucharistie herantrittst. Du kannst unablässig mit dem Wort in Verbindung sein. Es wird nie ausgeschöpft werden, denn „es ist das lebendige Wort Gottes", sagt der heilige Paulus (80).

- Was nützt es, das Telefon abzuheben, wenn du nicht an die Leitung angeschlossen bist.
Was nützt es, dein Evangelium aufzuschlagen, wenn du nicht *zuvor gebetet* hast, um durch den Glauben „angeschlossen zu sein" an das Göttliche.

80. Hebr 4, 12.

Du kannst dem Herrn nicht begegnen und Sein Wort
nicht verstehen, wenn du den Vater nicht gebeten hast,
der Führer zu sein, der dich geleitet, und den Heiligen
Geist, der Interpret zu sein, der dir erklärt.

- Jesus Christus spricht nicht die gleiche Sprache wie
du; deshalb hast du Mühe, Ihn zu verstehen.

> Du sagst Erfolg, Er sagt: durch das Kreuz;
>
> du sagst Einfluß in der Welt, Er sagt: indem du
> der Letzte bist;
>
> du sagst Macht, Er sagt: indem du zum Kinde
> wirst;
>
> du sagst Reichtum, Er sagt: indem du dich mit
> der Armut vermählst.

Jesus Christus hat nicht die gleichen Gedanken wie du,

> die gleiche Mentalität,
>
> die gleiche Lebensart,
>
> die gleichen Methoden,
>
> die gleichen Urteile.

Es ist schwer, sich zu verstehen, wenn man nicht die
gleiche Sprache spricht! Laß es dir gefallen, daß deine
Art zu sehen gänzlich umgestoßen wird.

- Entzieh dich nicht dem Evangelium. Wenn du sagst:
Dem oder jenem würde es wirklich guttun, diese Stelle
zu lesen ...

hast du nichts begriffen; denn *du bist es,* an den sich der
Herr wendet. — Wenn du nicht sagst:

> „Danke, Herr",
>
> „Herr, verzeih mir",
>
> „Herr, da bin ich",

hat dich das Wort nicht erreicht, denn auf dich war es ge-
zielt.

- Weil du regelmäßig deine Zeitung liest, machst du dir ihre Gedanken zu eigen.

Weil du diesen Menschen betrachtest und bewunderst, reagierst und denkst du schließlich wie er.

Weil du diesen Freund liebst, gleichst du ihm und lebst du wie er.

Wenn du das Evangelium regelmäßig zur Hand nimmst, erwirbst du allmählich die Schau, die Empfindungen, die Gedanken, die Urteile, die Mentalität Christi.

Wer mit dem Evangelium vertraut ist, gleicht zwangsmäßig Jesus Christus.

- „Das Evangelium durch das ganze Leben verkünden" (Père de Foucauld) heißt nicht, auf einem Tische stehen und predigen, in der Fabrik, im Büro, im Kolleg. Es heißt, so bereit sein für den Geist und erfüllt vom Evangelium, daß deine Gefühle, deine Gedanken, deine Urteile, deine Mentalität die Christi sind. Je mehr du so das Evangelium betrachtest, um so evangelischer und apostolischer wirst du werden.

- Sage nicht: „Ich habe gegessen und ich bin nicht kräftiger geworden."

Sage noch weniger: „Nun habe ich mich acht Tage vom Evangelium genährt, und es hat sich nichts in meinem Leben geändert."

- Was erwartest du von deinem Geliebten, wenn nicht zunächst, geliebt zu werden. Die Geschenke werden hernach kommen. Sei vor dem Evangelium ohne jede Absicht; betrachte, ohne daß du etwas haben willst; versuche nur, dich der Liebe nicht zu entziehen.

- Wenn du künstlich „Anwendungen" des Evangeliums auf dein Leben suchst, wirst du nur menschliche Rezepte finden. Laß den Heiligen Geist selbst dir im gegebenen Augenblick die Rolle zuflüstern, von der Christus will, daß du sie spielst. Wenn du treu und aufmerksam bist, wirst du überrascht sein, wie oft Er selbst eingreift. Das ist *das Evangelium in deinem Leben.*

- Sage dir bei Bibelstunden, im Studienzirkel, daß es sich nicht zunächst darum handelt, „einen Kommentar" des Evangeliums, einen „Gedankenaustausch" über diese oder jene Stelle zu geben, sondern um eine gemeinsame Stellungnahme im Glauben zu dem, was der Heilige Geist euch hat aufdecken lassen (81).

- Bei der Betrachtung des Evangeliums handelt ihr zu zweit.

Du, um dich zu sammeln und bereit zu machen, Christus aufzunehmen.

Der Heilige Geist, um dich zum Herrn zu führen und dich in Ihn umzuwandeln.

Wenn du sagst: „Ich komme dabei zu nichts, das Evangelium gibt mir nichts", denkst du nur an *deine* Tätigkeit, oder du setzt der Tätigkeit des Heiligen Geistes Unentschlossenheit und menschliche Gewichte entgegen.

Verliere nie den Mut!

Wenn du selbst ehrlich versucht hast, hat der Heilige Geist sicher Erfolg gehabt.

81. Das setzt die persönliche Betrachtung während einer oder zwei Wochen voraus.

- An das Evangelium herantreten heißt vor allem, dich dazu bereit machen, Gott in dir wirken zu lassen; denn du bist nicht Christ, weil du Gott liebst, sondern vor allem, weil du glaubst, daß Gott dich liebt und weil du dich von Ihm lieben läßt.

- Greife zum Evangelium! Versäume nicht die Begegnung mit Gott!

Wer sein Christentum im vollen Umfang leben will, kann nicht zulassen, daß es auf die engen Grenzen einiger religiöser Verhaltensweisen, auf die Anwendung der großen Linien eines Moralgesetzes eingeschränkt wird. Er will, daß sein Glaube dadurch die volle Reife erreiche, daß er seiner Existenz bis in die kleinsten Einzelheiten und der Existenz der Menschheit und des Universums einen Sinn gibt.

Er wünscht sehnlichst, seine Religion (Religion aber heißt: den Menschen und die Welt an Gott *zurückbinden*) in seinem ganzen Leben zu leben, indem er überall und immer Christus begegnet, selbst mitten in diesem konkreten Dasein, in das er nicht wie in einen Hinterhalt geschickt worden ist, sondern zu einem Liebes-Rendezvous mit allen Augenblicken.

Um das zu erreichen, muß er einen neuen Blick auf sein Leben werfen, auf das Leben seiner Brüder, auf sein Milieu. Einen Blick des Glaubens und der Hoffnung, der zu einer Antwort aus Liebe ruft. Er muß „*den Plan des Vaters mit der Welt*" und damit „*die wahren Ausmaße des Geschehens*" entdecken und sich in „*der Re-vision des Lebens* üben".

Wir erlauben uns hier, die zentrale Stelle des Buches „Herr, da bin ich" abzuschreiben, ohne die alle anderen keinen Sinn hätten, denn die Schau des Glaubens über die Welt, die sie auszudrücken versucht, erhellt die tägliche Wirklichkeit in ihrer wesenhaften Wahrheit.

Nur derjenige, der sich täglich Mühe gibt, sich mit diesem Blick Gottes über das Leben innigst zu verbinden, wird die Welt der Erscheinungen durchdringen und einmünden in die eindrucksvolle HEILIGE GESCHICHTE DER MENSCHHEIT UND DES UNIVERSUMS.

Ich möchte sehr hoch emporsteigen, Herr,
über meine Stadt,
über die Welt,
über die Zeit,
ich möchte meinen Blick reinigen und mir Deine Augen
leihen.

Dann würde ich das Weltall, die Menschheit, die Ge-
schichte sehen, wie der Vater sie sieht.
Ich würde in dieser wunderbaren Umwandlung des
Stoffes,
in diesem immerwährenden Gebrodel des Lebens
Deinen großen Leib sehen, wie er geboren wird unter
dem Hauch des Geistes.
Ich würde den ewigen Gedanken der Liebe Deines
Vaters sehen, wie er fortschreitend verwirklicht:

Alles in Dir als dem Haupte zusammenzufassen, was im
    Himmel und auf der Erde ist.
Und ich würde sehen, daß, heute wie gestern, die klein-
    sten Einzelheiten daran teilhaben:
jeder Mensch auf seinem Platze,
jeder Lebenskreis
und jeder Gegenstand.
Ich würde diese Fabrik und jenes Kino sehen,
die Diskussion über den Kollektivvertrag und die
    Grundsteinlegung des Brunnens.
Ich würde sehen, wie der Brotpreis angeschlagen wird,
    und die Schar der Jungen, die zum Balle gehen,
das kleine Kind, das geboren wird, und den Greis, der
    stirbt.
Ich würde das kleinste Stoffteilchen sehen und den lei-
    sesten Pulsschlag des Lebens,
die Liebe und den Haß,
die Sünde und die Gnade.
Ergriffen würde ich verstehen, daß vor mir sich das
    große Abenteuer der Liebe abrollt, das am Morgen
    der Welt begonnen hat,
die Heilige Geschichte, die nach der Verheißung sich
    erst in der Glorie nach der Auferstehung des Flei-
    sches vollenden wird,
wenn Du vor dem Vater erscheinst und sagst: Es ist
    vollbracht, Ich bin das Alpha und das Omega, der
    Anfang und das Ende.
Ich würde begreifen, daß alles nur ein Ziel hat,
daß alles nur eine selbe Bewegung der ganzen Mensch-
    heit und des ganzen Weltalls zur Dreifaltigkeit
    hin ist, in Dir und durch Dich, Herr.
Ich würde begreifen, daß es nichts Profanes gibt bei den
    Dingen, den Menschen und den Geschehnissen,

daß vielmehr alles im Anfang durch Gott geheiligt ist
und daß alles ihm geweiht werden muß durch den ver-
    göttlichten Menschen.
Ich würde begreifen, daß mein Leben, dieser unmerk-
    liche Atemzug im Riesenkörper des Alls,
ein unentbehrlicher Schatz ist im Plane des Vaters.
Dann würde ich auf den Knien, Herr, das Geheimnis
    dieser Welt bewundern,
die trotz der zahllosen und schrecklichen Versager der
    Sünde
ein langer Herzschlag der Liebe ist hin zur ewigen Liebe.

Ich möchte sehr hoch emporsteigen, Herr,
über meine Stadt,
über die Welt,
über die Zeit,
ich möchte meinen Blick reinigen und mir Deine Augen
    leihen.

Wie das Leben der Welt verbirgt auch das Geschehen, das nur einen kleinen Teil dieses Lebens ausmacht, einen tiefen Sinn.
Nur der Christ, der den Glauben besitzt, kann ihn entdecken. Er muß diesen Glauben aber auch üben und sich bereit zeigen, auf seine Forderungen zu antworten.

- Ich habe nicht aufgepaßt!
    Das wird vorübergehen!
    Es muß wohl sein!
    Das mußte passieren!
    Ich kann hier nichts tun!
    Die Dinge sind halt so!
Du hast kein Recht, so zu sprechen. Du täuschst dich. Nichts von dem, was ist, und von dem, was dir zustößt, hat profanen Charakter. Eine neue Welt wird aufgebaut. Das Universum war ein Chaos, es ist zu einem Bauplatz geworden: Das Reich des Vaters baut sich auf! Die Menschen waren zerstreut, sie werden zu einem einzigen Leib: Der Mystische Christus wächst heran! *Das jeweilige Geschehnis ist ein Augenblick dieses großen Abenteuers* (82).

- Der kleinste Kieselstein, die kleinste Pflanze sind

---

82. Die „Tat", sagt man in der Katholischen Aktion.

wertvoll, denn Gott ist durch seine Tätigkeit in ihnen gegenwärtig.

Das schmalste Teilchen des Lebens ist unschätzbar, denn es ist erfüllt von dem ganzen Geheimnis Christi.

- Die Wichtigkeit des Geschehens beruht nicht auf dem Umfang und dem Glanz seiner menschlichen „Oberfläche", sondern auf seiner unendlichen Tiefe.

- Dein Brot für jeden Tag, für jeden Augenblick, es ist eben das Geschehnis.

 In der Eucharistie lädt Jesus dich ein, Gemein-
  schaft zu nehmen mit Seinem eigenen Leib.
 Im Evangelium mit Seinem Wort,
 Im Geschehen mit Seiner Tätigkeit.

- Leihe dem Geschehnis dein Ohr. Es wird dir den Wunsch zuflüstern, den der Herr für dich hat.

- Im Geschehen übersetzt der Herr für dich Sein Evangelium in die Sprache des Lebens.

- Wenn die Tiefe des Geschehens unendlich ist, so ist seine Breite unermeßlich wie die Menschheit, denn das kleinste Ereignis berührt alle deine Menschenbrüder bis an die Grenzen der Zeit und des Raumes.

- In deiner Antwort auf das Geschehen entscheidest du das Glück oder das Unglück der ganzen Menschheit.

- Das Geschehnis ist ein Anruf an die Menschen,
 ein Zeichen für die Menschen,
 eine Einladung an die Menschen.

Es ist ein Anruf Gottes,
    ein Zeichen Gottes,
    eine Einladung Gottes.
Durch deine Betrachtung des Ereignisses
    bist du bedacht auf die Menschen und auf Gott.
Durch deine Anwesenheit bei dem Ereignis
    machst du dich bereit für die Menschen und
    für Gott.
Durch dein Handeln in dem Ereignis
    gibst du den Menschen und Gott in deinem Leben
    eine Antwort aus Liebe.

- Wenn du nicht eng genug mit den Menschen und Jesus Christus verbunden bist, wenn dein Handeln nicht von der unendlichen Wirkkraft Gottes durchdrungen ist, dann hat das seinen Grund darin, daß du im Geschehnis nicht mit Ihm Gemeinschaft hast; vielleicht sogar zunächst darin, daß du „das Geheimnis im Geschehen" nicht siehst.

Willst du als Christ darauf antworten, dann mußt du dich üben, das Geschehen im Lichte des Glaubens zu entziffern.

Wer zwei- oder dreimal in der Woche, ja sogar jeden Abend (83) allein oder in der Familie, wenn er verheiratet ist, sein Leben im Lichte des Glaubens überprüft, kann versichert sein, allmählich zu einem wahren, reifen christlichen Leben zu gelangen.

- Menschlich gesehen, lebst du dein Leben nicht voll aus (84).

Christlich gesehen, ergeben deine vagen, zerstreuten oder eigenwilligen Beziehungen zu Christus:

> Herr, ich bringe Dir das dar, *was ich getan habe,*
> Herr, hilf mir (... das zu verwirklichen, *was ich beschlossen habe*),

kein wahres *Leben* aus dem Glauben.

- Wenn du dein konkretes Leben im Lichte des Glaubens entdecken, es beurteilen und in dem Frieden und der übernatürlichen Wirklichkeit der Hoffnung bilden und aus der Einheit mit Jesus Christus und deinen Brüdern in der Liebe leben willst, mußt du dich täglich üben, es in einem ganz anderen Licht als dem der menschlichen Wirksamkeit zu überprüfen.

83. Am Anfang, wenn möglich, schriftlich.

84. Vgl. „Sein Leben leben" oder die Treue zum gegenwärtigen Augenblick. — Seite 143. Ferner: Überlegen und Entscheiden machen den Menschen aus. — Seite 128.

_ Der Sportler trainiert,

der Arbeiter erlernt sein Handwerk,

der Künstler macht viele „Entwürfe", bevor er ein großes Werk hervorbringt.

Warum tust du nichts dergleichen, um ein echt christliches Leben zu leben?

- Die Revision des Lebens ist nicht:

    eine Gewissenserforschung (85),

    eine Prüfung deiner Entschlüsse,

    eine Übung zur „Aufmerksamkeit",

    ein Mittel, um deinen Handlungen einen persön-

        lichen Charakter zu geben,

sondern sie ist eine neue Schau (Re-vision) deines Lebens, mit einem anderen Blick als dem deiner Sinne oder deines Verstandes: mit dem Blick des Glaubens (86).

- Wenn dein Herz verschlossen ist,

kannst du dich der Eucharistie nähern, ohne die Freundschaft Christi zu empfangen;

kannst du das Evangelium lesen, ohne das Wort Christi zu hören;

kannst du dein Leben revidieren, ohne Jesus Christus, der dich einlädt, zu sehen.

85. Die Gewissenserforschung ist ein Blick, der *auf das Gewissen gerichtet ist,* um den *moralischen Wert* unserer Handlungen zu messen. Die Revision des Lebens ist vor allem ein Blick, der *auf das Leben gerichtet* ist, um Jesus Christus zu betrachten, der uns durch das Leben anspricht.

86. Vgl. Der Mensch mit „kurzer Sicht" oder die „doppelte Schau" des Christen. — Seite 231. Die Revision des Lebens liegt daher nicht auf der Ebene der menschlichen Überlegung, sondern auf der Ebene des christlichen Nachsinnens. Sie ist ebenso wie z. B. die christliche Betrachtung eine Übung des religiösen Lebens.

Bevor du beginnst, dein Leben zu prüfen, bitte Gott, dein Herz zu reinigen und dir Seine Augen zu leihen.

- Der Astronom betrachtet den Sternenhimmel nicht auf einmal, er beschreibt nur ein winziges Eckchen des Himmels.

Der über sein Mikroskop gebeugte Gelehrte sondert die Bakterien ab, um sie zu studieren.

Wenn du wirksam sein willst, dann konzentriere deinen Blick jeweils nur auf einen einzigen Ausschnitt deines Lebens.

- Du bist heute Jakob begegnet. Was verlangte Christus in diesem Händedruck von dir?

Du bist in den Dreier-Bus eingestiegen. Was erwartete Christus von dir und diesen mit dir für einen Augenblick verbundenen Menschen?

Du hast in der Zeitung eine Neuigkeit gelesen. Was hat dir Christus durch dieses Stück Leben gesagt?

Man schlägt dir vor, bei der Arbeit Überstunden zu machen. Wie reagieren deine Kameraden? Was für ein Zeichen gibt dir Christus durch sie und durch das Geschehen?

... Deine Nachbarin hat gesagt..., in deinem Sportverein am Sonntag..., gerade eben im Radio..., die Gewerkschaft..., die kleine Verkäuferin im Fleischerladen..., auf dem Grundstück vorgestern..., die Wahlen in 14 Tagen usw. ...

- Das jeweilige Geschehnis ist der Grundstoff für die Revision deines Lebens. Es ist der Ort, wo Jesus Christus dich einlädt zur Mitarbeit mit Ihm; der Ort, an dem du dich mit Ihm verbinden, Ihn fragen, und wo du dich so einschalten mußt, wie es Seinem Willen über dich und deine Brüder entspricht.

- Jede Liebe beginnt mit einem Blick, der nichts begehrt. Wenn du vor einem Geschehnis stehst, bete daher zuerst Jesus Christus an, der in deinem Leben und im Leben der Welt lebendig ist.

- Durch das Geschehen gibt Gott dir ein Zeichen, du mußt die Absichten Gottes mit dir und deiner Umgebung entdecken.

- Wenn du den Fremden verstehen willst, mach dich mit seiner Sprache, seiner Mentalität, seiner Lebensart vertraut.
Wenn du die Zeichen Gottes in deinem Leben und im Leben der Welt deuten willst, mach dich mit den Gedanken, den Worten, dem Leben Jesu Christi vertraut.
Wenn du zur wahren Revision des Lebens kommen willst, lies häufig das Evangelium (87).

- Du begreifst nicht immer, was Gott von dir verlangt, denn Seine Stimme wird an manchen Abenden die Dichte des Menschlichen und die Schwere der Sünde nicht durchdringen. Bitte um Verzeihung und in der Macht des Glaubens bete Ihn im Schweigen an.

- Im Evangelium spricht Gott zu dir, Er erwartet deine Antwort.
Im Leben wendet Er sich an dich, indem Er dich zum Zwiegespräch einlädt.

87. Vgl. Gott spricht, oder Begegnung mit Christus. — Seite 241.

Deine Revision des Lebens muß immer im Gebet ausmünden:

im Gebet der Anbetung: es ist wunderbar, Herr!
der Danksagung: danke, Herr!
der Reue: Verzeihung, Herr!
der Bitte: mach Du es, Herr!...

– Wenn Gott zu dir durch das Geschehen spricht, dann lädt Er dich ein, mit Ihm und in Ihm zu handeln.

– Durch die Revision des Lebens besteht das Handeln für dich nicht mehr in der Anwendung von menschlichen Techniken, in der Suche nach „Methoden" des Apostolats, sondern in der Antwort auf ein Verlangen Gottes, die vom Leben ausgeht.

– Man muß dem Herrn durch das Geschehnis hindurch gehorchen.

– Wenn du aufrichtig dein Leben überprüfst:
wirst du nicht nur den historischen Christus entdecken, sondern auch den ganzen Christus, dessen großer mystischer Leib sich durch die menschliche Geschichte hindurch aufbaut;
wird dein Leben in dem großen Plan, den der Vater mit der Welt hat, den rechten Platz finden;
wirst du aus dem Leben Christi leben, indem du dich im Geschehen mit Seinen Geheimnissen, die in der Zeit im einzelnen deutlich werden, verbindest;
wirst du in dir die Bereitschaft entwickeln, indem du immerfort nach dem suchst, was der Wille Gottes von dir verlangt;
wirst du durch das Tätigsein mit deinen Brüdern zur

Verwirklichung des Planes, den Gott als Schöpfer und Erlöser hat, beitragen.

... So wirst du — jeden Tag mehr — ein REIFER CIIRIST werden.

Der Mensch ist kein isoliertes Wesen, er lebt „als Menschheit"; der Christ ist es noch weniger, er macht seine Entwicklung „als Kirche". Derjenige, der diese Brüderlichkeit in einer Gemeinschaft lebt, verwirklicht den Wunsch des Vaters, der Seine Kinder in ein und derselben Familie vereinigt sehen will. Die Re-vision des persönlichen Lebens muß daher zu einer Revision des Gemeinschaftslebens führen, vor allem, wenn die Gruppe, wie in der Katholischen Aktion, den offiziellen Auftrag hat, einen ganzen Lebensbereich zu erfassen.

- Die Re-vision deines Gemeinschaftslebens liegt in der Linie der Re-vision deines persönlichen Lebens, aber sie weitet sich aus auf eine wechselseitige Verantwortung derer, die in der Gruppe mitarbeiten, und auf eine gemeinsame Verantwortung für einen Lebensbereich.

- Die Revision des Gruppenlebens ist nicht:
    eine Versammlung von Hausbesorgerinnen, die
        sich die Ereignisse der Woche erzählen;
    eine Gerichtssitzung, um andere zu beurteilen;
    eine öffentliche Bekanntgabe des Geleisteten;
    eine gegenseitige Kontrolle von Entschlüssen;
sie ist eine Schau aus dem Glauben, die gemeinsam über ein Geschehen angestellt wird, das den jeweiligen Lebensbereich berührt und *für das ein Angehöriger der Gruppe verantwortlich ist.*

- Weil jedes Geschehnis eine Einladung Gottes enthält, muß eine „Revision" eine Antwort durch die Tat nach sich ziehen: eine persönliche Antwort, eine Antwort der Gruppe und eine Antwort des Lebensbereiches (88).

- Wenn ihr dem Herrn begegnen wollt, müßt ihr euch auf die Begegnung vorbereiten. Jede Revision des Lebens setzt die Sammlung voraus, sie muß mit einem demütigen Bittgebet anfangen, um sich in der Danksagung zu vollenden.

- Einem Geschehen gegenüber prüfe zunächst *deine* Haltung, dann erst die deines Lebensbereiches.
Deinem Einsatz gegenüber verschwende keine Zeit damit, ihn zu erklären, noch weniger ihn zu rechtfertigen, sondern prüfe sogleich deine christliche *Haltung in diesem Einsatz.*

- Wenn du sagst: „Das bringt mir nichts ein", dann hat das seinen Grund darin, daß du nichts einbringst.
Komme nicht, um zu empfangen, sondern zu allererst, um zu geben.

- Sei weder schweigsam noch schwatzhaft, sondern sei wie einer, der spricht, um sich zu verständigen und mitzutragen, wie einer, der hört, um aufzunehmen und teilzuhaben.

- Wenn ihr bei euren Revisionen des Gemeinschaftsebens zu etwas kommen wollt, dann muß im Leben

88. Nicht nur handeln, sondern auch zum Handeln veranlassen.

jedes einzelnen die Revision seines Lebens zu einer dauernden Tätigkeit geworden sein.

- Die Kirche verpflichtet offiziell (89) die Gliederungen der Katholischen Aktion, die Aufgabe der Verkündigung Jesu Christi in ihrem Bereich fortzusetzen. Wenn du zu einer dieser Bewegungen gehörst, dann repräsentieren deine Brüder und du die Kirche in eurem Lebensbereich und euren Lebensbereich in der Kirche. Wenn ihr als Gruppe vereinigt seid, ist der Heilige Geist in besonderer Weise an eurer Seite, um euch zu helfen den Willen des Vaters mit euch und eurem Lebensbereich zu erkennen.

- Die Revision des Gemeinschaftslebens ist der vorgesehene Ort deines Lebensbereiches mit der Kirche.

- Die Priester bedürfen der Revision des Lebens der Laien, um ihre Aufgabe in die Tat umzusetzen.

- Beginnt eure Revision des Gemeinschaftslebens mit einem Blick auf die Reichtümer des Lebensbereiches: die natürliche Tätigkeit der Menschen, die Brüderlichkeit, das Verlangen nach Gerechtigkeit ... all das, was, obwohl vor den Augen der Menschen verborgen, schon Tätigkeit Gottes bei der Arbeit in der Welt ist; ihr werdet weniger versucht sein, *eure* Aktion zu leisten, und größere Bereitschaft haben, *bei der des Herrn mitzuarbeiten.*

- Du darfst dich nicht zufriedengeben, das Geschehen im Lichte des Glaubens zu sehen, es als ein Zeichen

89. Darin besteht das „Mandat" der Katholischen Aktion.

Gottes zu beurteilen, als Antwort auf Seinen Willen zu *handeln;* du mußt in deinem Lebensbereich Schritt für Schritt deinen Brüdern helfen, ihr Leben zu überprüfen, denn auch sie sind durch den Herrn in das Herz des Geschehens eingeladen.

- Je größer die geistige Klarheit der Gemeinschaft ist, um so tiefer ist die Verantwortung für den ganzen Lebensbereich vermittels der Revision des Lebens, und um so größer werden die Aussichten der Offenbarung für deine Brüder sein; denn der Herr ist ihnen in ihrem Leben ganz nahe, aber sie bedürfen des Lichtes des Glaubens und der Kraft der Liebe, damit sie Ihn erkennen und Ihm ihrerseits folgen.

Unter den Menschen, die nicht beten oder die wenig oder schlecht beten, gibt es solche, die nicht an das Gebet glauben und meinen, daß andere, dringendere und nützlichere, Beschäftigungen uns mehr angehen. Es gibt ferner solche, die dem Gebet eine magische Kraft zuschreiben und es „benützen", indem sie versuchen, eine Erfüllung aller ihrer Wünsche, sogar der rein materiellen, zu erlangen. Und schließlich gibt es solche, die wohl gerne beten möchten, aber vorgeben, daß sie es nicht können oder es nicht verstehen. In allen diesen Fällen sieht der Mensch offenbar das Gebet nicht in seiner wirklichen Beziehung, als einer Haltung des Glaubens. Besessen vom Streben nach Erfolg — manchmal gegen seinen Willen —, denkt der Mensch das Gebet im Begriff einer menschlichen Leistung und er verurteilt sich dazu, ein Leben aus echter Gebetshaltung nicht zu verstehen, geschweige denn zu leben. Dennoch schreit die moderne Welt gebieterisch darnach, daß die Menschen des technischen Zeitalters auch Menschen der Anbetung seien, sonst wird die Technik sie zu Gefangenen machen und vernichten.

- Du sagst nicht: Es ist nicht mehr der Mühe wert, daß ich meiner Frau meine Liebe bekunde; sie weiß ohnedies um sie.

Noch weniger sollst du sagen: Es ist müßig, daß ich mit Gott rede, Er weiß ja, daß ich Ihn liebe.

- Du sagst nicht: Ich habe keine Zeit mehr, auch nur einen Augenblick bei meiner Gattin zu bleiben, zärtlich zu ihr zu sein, sie zu umarmen, aber das macht nichts, ich arbeite ja ohnedies für sie.

Noch weniger sollst du sagen: Ich habe keine Minute Zeit für das Gebet, aber das tut nichts, ich opfere meine Arbeit auf, und sie ist auch ein Gebet.

Die Liebe verlangt, daß man freigebig innehält. Wenn du liebst, *mußt du für die Liebe Zeit finden.*

- Beten heißt innehalten, Gott *Zeit schenken,* jeden Tag, jede Woche.

In der modernen Welt ist der Sonntag der Tag geworden, den man sich vorbehält, der Tag, der uns gehört. Man vergißt, daß gerade dieser Tag Gott gehört.

- Die Verlobte, die von ihrem Bräutigam immer seltener Briefe empfängt, weiß genau, daß ihre Liebe in Gefahr ist.

Wenn du nicht mehr mit Gott „korrespondierst", ist deine Liebe in Gefahr.

- Wenn du nicht mehr betest, wirst du Jesus Christus nicht mehr erkennen und Ihn nicht mehr in deinem Leben zu dir sprechen hören, denn um Ihn zu sehen und um Ihn zu verstehen, muß man Ihn schauen und Ihn hören in den täglichen Begegnungen.

- Beten heißt vor allem, sich Gott zuwenden. Wenn du nicht mehr betest, wirst du dich dir zukehren.

- Beten heißt, dich an Gott rückbinden. Wenn du nicht mehr betest, wirst du allein bleiben, und da der Mensch einen Gott nötig hat, wirst du dich an die Stelle Gottes setzen.

- Wenn du fern von Gott lebst, wirst du allmählich zu dem Schluß kommen: ich lebe ganz schön ohne Ihn.

Wenn du ohne Ihn lebst, wirst du Ihn langsam vergessen.

Wenn du Ihn vergißt, wirst du schließlich glauben, daß Er nicht existiert.

- Wer von dem geliebten Wesen immer etwas haben will, ist kein Liebender, sondern ein Händler.

Dein Gebet ist allzuoft nur ein Handel mit Gott... Du willst, daß es „etwas trägt".

- Allzuoft heißt beten für dich, bitten. Nun, beten heißt vor allem, *sich ohne Hintergedanken vor Gott hinstellen:* Vater unser im Himmel, geheiligt werde Dein Name.

- Allzuoft heißt beten für dich, empfangen. Aber beten heißt auch, darbringen. Das Leben der Welt darbringen, sein Leben darbringen, sich selbst darbringen.

- Wenn du im Gebet nicht „irgend etwas" zu erlangen suchst, willst du wenigstens eine gewisse spürbare Befriedigung feststellen. Weil du aber hier oft enttäuscht wurdest, gibst du jede Bemühung auf:

„Das gibt mir nichts."

„Ich habe *den Eindruck,* ins Leere zu reden."

„Ich *empfinde nichts.*"

- Ohne besondere Gnade kannst du im Gebet nichts empfinden. Jede Gemütsbewegung kommt von den Sinnen, beten aber heißt, sich vor jemanden stellen, mit Ihm in Kontakt treten, der nicht „fühlbar" ist.

Du wirst nicht echt beten können, wenn du irgendeine spürbare Lust vom Gebet erwartest.

- Beten heißt sehr oft einwilligen, daß man sich vor dem *lieben Gott* langweilt.

Wenn du todmüde bist,
      belastet mit Verantwortung und Sorgen,
      überbürdet mit Arbeit,
      durcheinandergebracht durch ein übervolles Tagewerk,
      gequält von allen Seiten durch die anderen;
und du zwingst dich, innezuhalten und
      vor Gott deine „Großartigkeit" aufzugeben,
      die menschliche Erfolglosigkeit vor Ihm gelten
      zu lassen,
      in Seiner Gegenwart ohne Hintergedanken
      „deine Zeit" zu verlieren,
dann setzest du einen Akt des Glaubens, der Anbetung und der Liebe, und das ist die Grundlage des Gebetes.

- Man muß beten *wollen,* und beten wollen ist bereits beten.
Versuche vor Gott anwesend zu sein, versuche es in der ganzen Zeit, die du dafür bestimmt hast, und sage nie:
      „Ich kann nicht beten";
      „ich verstehe nicht zu beten";
denn bereit zu sein, es immer wieder zu versuchen, ist schon beten.

- Deinerseits hat das Gebet vor allem einen Wert durch die Bemühung, die es von dir verlangt. Von seiten

Gottes durch die Tätigkeit des göttlichen Geistes, der in dir am Werk ist.

- Träume nicht von außergewöhnlichen Bedingungen für das Gebet. Sage nicht:
„Wenn ich Zeit hätte!"
„Wenn ich ruhig wäre!"
„Wenn ich mich in die Einsamkeit zurückziehen könnte!"
Gewiß mußt du versuchen, die besten äußeren Bedingungen zu schaffen, aber wärest du auch in der absolutesten Wüste, in der Höhle des tiefsten Schweigens, das Haupthindernis würde bleiben: du und die Welt der Gedanken, der Bilder, der Empfindungen, der Leidenschaften... die in dir ist.

- Du bist bei deinem Gebete zerstreut? Das Gegenteil wäre außergewöhnlich. Warum beschäftigst du dich damit, deine Zerstreuungen „zu verjagen"? Sie werden wiederkommen. Im Gegenteil, behalte sie fest im Auge und suche ihr Wesen zu ermitteln: schwere Sorgen, Kleinigkeiten oder gewöhnlicher Schmutz; bringe sie Gott dar als Huldigungsakt oder als Bitte um Verzeihung.

- Deine Lage, dein gegenwärtiger Zustand machen wenig aus. Gott wartet auf dich. *Niemand* ist *jemals* vom Gebet ausgeschlossen.

- Was würdest du von einer Liebe sagen, deren Ausdruck gebunden wäre:
an deine gute Verdauung,
an deinen Gefühlszustand,

an die vielfältigen menschlichen Erfolge oder Mißerfolge, die das Leben umgrenzen?

Dein Gebet darf nicht abhängig sein von deiner augenblicklichen Geneigtheit, sondern es soll regelmäßig geschehen. Gott ist immer gegenwärtig, immer voll Liebe, und Er wartet immer auf dich.

- Lasse mehrere Künstler das gleiche Werk ausführen. Die Ergebnisse werden sehr verschieden sein.

Beobachte mehrere Ehepaare: die Ausdrücke ihrer Liebe sind vielfältig.

So sind auch die Gebetsformen verschieden, je nach der Kultur, dem Alter, dem Temperament. Schätze keine von ihnen gering. Alle sind als Mittel wertvoll, aber vergiß nicht den Zweck.

- Du sündigst mit deinem ganzen Wesen. Du liebst mit deinem ganzen Wesen. Es ist billig, daß du mit deinem ganzen Wesen betest.

Laß deinen Leib beten, laß deine Seele beten, aber achte in dir die Wertordnung (90) und trenne die Geste nicht vom Geist.

- Die Kinder einer Familie können ihrem Vater keine größere Freude machen, als wenn sie zusammenkommen, um ihn zu feiern.

So sind das Gemeinschaftsgebet und das liturgische Gebet (das öffentliche Gebet der Kirche) der natürliche Ausdruck der Kinder Gottes, die zusammen in das gleiche Schicksal der Liebe verwickelt sind.

90. Der aufrechte Mensch. — Seite 23.

- In dem Maße, in dem sich die Liebe vertieft, bedarf sie immer weniger der Gesten und der Worte, um sich auszudrücken; aber sie bedarf immer mehr der Stille.

Auch dein Gebet wird einfacher werden. Du wirst nicht weniger tief beten, wenn du kein Verlangen mehr hast, dich in Worten auszudrücken, im Gegenteil, du wirst besser beten, wenn du mehr danach begehrst, einfach zu schauen und schweigend zu lieben.

- Du beklagst dich oft, daß du nicht erhört worden bist; das kommt daher, weil du die Rollen umkehrst.

Du verlangst von Gott,

daß Er *deinen* Willen tue;

daß Er *deinen* Plan ausführe;

daß Er sich in *deinen* Dienst stelle.

Beten bedeutet das genaue Gegenteil. Es bedeutet, Gott bitten:

daß du *Seinen* Willen tust,

daß du *Seinen* Plan ausführst,

daß du dich willig in *Seinen* Dienst stellst.

- Es ist nicht deine Sache, Gott zu ändern, Gott zu befehlen, sondern du mußt dich ändern, du mußt dich in Seine Abhängigkeit, in Seine Gefolgschaft begeben.

- Wenn du mit deinem Radioapparat Musik hören willst, mußt du ihn einschalten und ihn auf die richtige Wellenlänge einstellen.

Wenn du mit Gott in Berührung kommen willst, mußt du beten, d. h. *du mußt dich für Ihn aufschließen und zulassen, daß Er Seine Gnade und Seine Liebe auf dich überträgt.*

- Es gibt nichts, was zu schön ist, um es denen anzubieten, die man liebt. Weil die Liebe des Vaters unendlich ist, kann Er Sein Geschenk nicht auf irdische Dinge beschränken. Er schenkt nur das Unendliche. Er schenkt sich selbst.

Darum kannst du Gott nur dann bitten,

in der Klassenlotterie zu gewinnen,

deine Prüfung zu bestehen,

eine Gehaltserhöhung zu erhalten...,

wenn du hinzufügst: „sofern Du, Herr, meinst, daß ich dadurch Dich und meine Menschenbrüder mehr lieben werde."

- Habe Vertrauen. Habe immer Vertrauen. Du weißt, daß der Vater nur dein Bestes wollen kann. Wenn es nicht gut ist, deinem Wunsch zu willfahren, so weißt du, daß Seine Liebe trotzdem antworten wird, *freilich anders.*

- Gott braucht dein Gebet. Er kann nur geben, wenn du Ihn bittest, denn Er achtet deine Freiheit unendlich.

Er ist es, der dich schweigend und unaufhörlich bittet. Erhöre Seine Liebe.

- Du kannst helfen, daß die menschliche Liebe auf Erden zunimmt.

Du kannst die Welt verändern.

Du kannst sie von Grund auf umwandeln, aber du hast dann noch nichts getan, wenn du nicht betest; denn beten heißt:

statt deines eigenen Willens den Willen Gottes in dir immer wirksamer werden lassen;

statt von deiner Eigenliebe dich von der Liebe Gottes ergreifen lassen;

durch dich den Plan des Vaters und Seine allmächtige Liebe bei den Menschen einführen.

- Aufrichtig und treu beten heißt, deinen Erfolg und den Erfolg der Welt unfehlbar sichern.

BEICHTEN ODER DAS
SAKRAMENT DER BUSSE EMPFANGEN

Wenn die Beichte nicht existierte, müßte man sie erfinden...
Die Menschen haben sie noch einmal erfunden, aber auf
ihrem Niveau. Die Amerikaner haben, um den Ertrag in
manchen Fabriken zu verbessern, ihren Arbeitern „Laien-
beichtväter" zur Verfügung gestellt. Wer sich von seinen
Sorgen und Fehlern befreien will, vertraut sie einem Menschen an.

Was ist die marxistische „Selbstkritik" anderes, wenn nicht
in erster Linie das Geständnis der eigenen Fehler vor Er-
langung der Verzeihung? Die zahllosen Zuschriften an
den Briefkasten der Zeitung sind oft nur die Gelegenheit
zum Bekenntnis und die Suche nach einer „Seelenführung".
Und schließlich legen sich immer mehr Menschen, die sich
nie vor dem Priester, dem Stellvertreter Gottes, niederknien
würden, in ihrer ganzen Länge auf den Diwan des Psycho-
analytikers.

Das Herz jedes Menschen wimmelt von vielfältigen Leidenschaften. Es ist der verborgene Schlupfwinkel von unzähligen Schuldmöglichkeiten. Der Mensch wird, ob er
will oder nicht, gezwungen, sich damit zu beschäftigen.
Wenn er auch Gott leugnet, so kann er doch das Böse nicht
zerstören, und wenn er sich weigert, im Bösen ein moralisches Problem zu sehen, läuft er Gefahr, daß er sich eines
schönen Tages vor einem geistigen Problem befindet.
Wenn der Mensch den Priester zurückweist, wird er den
Psychiater brauchen, aber der Psychiater wird nicht den
wahren Frieden bringen, jenen Frieden, den Christus uns
anbietet: „Den Frieden gebe Ich euch, nicht wie die Welt
ihn gibt, gebe Ich ihn euch..."
Christlicherseits drohen dem Menschen in seiner Haltung
der Beichte gegenüber zwei Klippen: entweder ist sie in

seinen Augen entwertet und auf einen altmodischen Ritus herabgesetzt, dem er sich dann und wann unterwirft, weil ein Rest von Legalismus ihn dazu treibt. Oder er anerkennt aus einer unklaren Furcht ihre Notwendigkeit, um wieder in den Zustand eines in jeder Beziehung menschlichen Friedens zu kommen. In beiden Fällen hat er den tiefen Sinn der Beichte verloren, weil er sie auf die Stufe eines menschlichen Verhaltens herabsetzt, statt in ihr — im Glauben und durch das wirksame Zeichen des Sakramentes — die Begegnung mit Jesus Christus, dem Erlöser, zu sehen.

- Wenn du beichten gehst, denkst du vor allem:
  „Was werde ich ihm sagen?", dann
  „Was wird er denken?" und schließlich
  „Was wird er mir sagen?"
Denk also vor allem:
  „Wem werde ich begegnen, was werde ich empfangen?"

- Du machst viel Aufhebens um die Sünden, die du gibst, und wenig um die Erlöserliebe, die dir gegeben wird.

- Wenn Jesus Christus auf die Welt gekommen ist, wenn Er gelitten hat, wenn Er gestorben und auferstanden ist, so geschah dies wesentlich, um die Sünde zu besiegen.
Wenn du beichtest, empfängst du das Sakrament der Buße, und wenn du das Sakrament der Buße empfängst, begegnest du Jesus Christus und vereinigst dich mit Ihm im Geheimnis Seines Todes und Seiner Auferstehung.

- Durch die Erbsünde haben sich die Menschen von Gott und voneinander getrennt.
Durch die Taufe entscheiden sie sich, mit Jesus, dem

276

Erlöser, vereinigt zu werden, und werden in Ihm wieder Söhne des Vaters und untereinander Brüder.

Jedesmal, wenn du das Sakrament der Buße empfängst, entscheidest du dich aufs neue für Jesus Christus, indem du dich „wiedereintauchst" in deine Taufe und so die zerrissenen oder gelockerten Bande mit deinem Vater und deinen Brüdern neu knüpfst oder neu verstärkst.

- Um jeden Tag aufzustehen, mußt du dich immer wieder anstrengen;

um zu arbeiten, mußt du jeden Tag dein Werkzeug wieder aufnehmen;

um zu lieben, mußt du dich jeden Tag aufs neue verleugnen.

Deine Absage an die Sünde und deine Bindung an Jesus Christus sind leider nicht endgültig. Durch das Sakrament der Buße mußt du oft zurückkehren zu den Quellen deiner Taufe, um aufs neue deine Entscheidung zu treffen.

- Warum soll ich beichten? Ich werde schon wieder anfangen!

Gerade deshalb mußt du beichten; denn das Sakrament der Buße empfangen heißt, die ganze triumphierende Kraft der Auferstehung aufnehmen.

Aber ich werde sie verschleudern!

Nein, denn wenn du neuerdings fällst, wirst du wenigstens beim Aufstieg fallen.

- Durch den Tod Jesu Christi ist die Verzeihung für deine Sünden erworben worden. Du brauchst sie also nicht mehr zu gewinnen, sondern nur noch frei aufzunehmen.

- Der Vater des verlorenen Sohnes wartete auf ihn, um ihm seine Verzeihung zu schenken. Es bedurfte aber noch der Rückkehr des Sohnes.

Gott braucht dich, um Seine Erlösung in dein Herz und in die Welt einzuführen.

- Jeder empfängt so viel Liebe, wie sein Herz fassen kann.

Jeder empfängt so viel Gnade, wie seine Seele tragen kann.

Allen ist die gleiche unendliche Erlösung angeboten, aber für jeden entspricht der Grad der Öffnung seinem Tun.

- Je mehr du dich als Sünder erkennst,
je mehr du unter deinem Mangel an Liebe leidest,
je mehr du nach der Verzeihung hungerst,
um so mehr Erlösungsgnade wirst du empfangen.

- Wie willst du eine andere Lösung für deine Mathematikaufgabe suchen, wenn du nicht zuerst festgestellt hast, daß dir ein Irrtum unterlaufen ist?

Wie willst du umkehren, wenn du nicht daraufgekommen bist, daß du den Weg verfehlt hast?

- Jesus Christus hat am Kreuz bereits alle deine Sünden auf sich genommen. Weil du aber frei bist, mußt du sie Ihm heute freiwillig übergeben.

- Deine Sünden müssen vor den Augen deines Gewissens vorüberziehen, du mußt sie erkennen und auf dich nehmen, damit du sie wirklich Christus, dem Erlöser, übergeben kannst.

Die Beichte ist ein geheimnisvoller Austausch! Du übergibst alle deine Sünden Jesus Christus; Er schenkt dir Seine ganze Erlösung.

- Wenn du deine Rechnungen nur einmal im Jahr kontrollierst, wirst du deine Irrtümer nur sehr schwer finden.

Wenn du dein Gewissen nur einmal im Jahr erforschst, wirst du nie alle deine Fehler entdecken.

- Manche Menschen sind für die anderen eine Last, ohne daß sie es selbst merken, weil es ihnen an Zartgefühl mangelt.

Wenn du deine Fehler nicht siehst, hat das seinen Grund darin, daß du nicht aufmerksam genug bist, vor allem aber, daß deine Liebe nicht tief genug ist.

- Wenn du eine gute Gewissenserforschung machen willst, mußt du dich vor allem in die Gegenwart Gottes versetzen. Dann erst in deine Gegenwart.

Die Häßlichkeit der Sünde wird vor Gott gemessen und nicht vor dir.

- Nur die Übung einer wirklichen Revision des Lebens wird es dir ermöglichen (91), dich besser kennenzulernen. Wenn du die Einladungen Jesu Christi in deinem Leben entdeckst, wirst du deine Weigerungen klarer sehen.

- Du bemerkst, was du Böses getan hast.

Suche auch das, was du an Gutem unterlassen hast.

91. Vgl. Die Revision des Lebens. — Seite 256.

- Je mehr du liebst, um so mehr wirst du auf deinen Mangel an Liebe kommen.

- Die Sünde stellt einen Bruch mit Gott dar, sie ist aber in gleicher Weise ein Bruch mit allen deinen Brüdern in der Kirche.
Deine Umkehr kann nicht ein heimliches Geschehen im Grunde deines Herzens sein, sondern ist eine öffentliche Heimkehr in die Kirche.

- Du bekennst nicht Gott allein, sondern... „der seligen, allzeit reinen Jungfrau Maria... allen Heiligen und dir, Vater..." — dem Priester, der als Diener Jesu Christi auch Zeuge der Gemeinde ist.

- Wirst du den Schatz zurückweisen, weil dir die Hand, die ihn dir reicht, nicht gefällt?
Was bedeutet das Aussehen des Priesters? Er hält in seinen Händen den Tod und die Auferstehung Jesu Christi.

- Du hast das Recht, deinen Beichtvater auszuwählen, du hast kein Recht, eine einzige Beichte auszulassen, weil dir der Priester Furcht einjagt oder dir nicht gefällt.

- In der Kirche wirkt sich das Gute oder das Böse im Herzen eines ihrer Glieder auf den ganzen Leib aus.
Wenn du das Sakrament der Buße empfängst, schenkst du allen deinen Brüdern ein Wiederaufblühen in Reinheit und Liebe.

- Diejenigen, die unmittelbar und nach dem Plane der Vorsehung um dich sind, genießen als erste die Wohltat des Sakramentes, das du empfängst, du übermittelst ihnen Christus, den Erlöser.

- Je mehr du mit deiner Umwelt durch Aufmerksamkeit, gegenseitige Kenntnis und Liebe verbunden bist,
um so mehr wirst du durch das Sakrament der Buße die Sünden dieser Umwelt zu Christus bringen können,
und um so mehr wirst du deiner Umwelt die Erlösung Christi bringen können.

- Wenn du kämpfst gegen den Mangel an Gerechtigkeit bei der Arbeit,
an Liebe in den Familien,
an Brüderlichkeit im Hause und im Viertel,
an Frieden in der Welt...
wenn du kämpfst gegen den unzureichenden Lohn, gegen die Elendswohnungen, das Analphabetentum, den Hunger in der Welt...
vergiß nicht, daß alle diese Übel Früchte der Sünde sind und daß jede Sünde — wenn sie zerstört werden soll — der Erlösung bedarf.

- Wenn du beichtest, ohne gegen die Sünde in dir und in der Welt zu kämpfen, wirst du das Böse nicht überwinden.
Wenn du gegen das Böse in dir und in der Welt kämpfst, ohne zu beichten, wirst du nicht siegen.
Denn das einzige unendlich wirksame Mittel, um die Sünde zu besiegen, besteht darin,
daß du mit allen deinen Kräften kämpfst, aber so, daß du dabei durch das Sakrament der Buße Jesus Christus, den alleinigen Besieger des Bösen, in dir aufnimmst.

Zweierlei entmutigt die Menschen im Kampf mit der Sünde: einmal der Zwang, immer gegen die gleichen Schwierigkeiten zu kämpfen, ohne daß menschlich irgendeine Hoffnung besteht, aus ihnen herauszukommen; anderseits die Tatsache, sich plötzlich am Boden zu finden, während sie dachten, endlich aufrecht und sicher auf ihren Füßen zu stehen. In beiden Fällen vergessen sie die Allmacht Gottes und Seine Liebe.

Die Mutlosigkeit ist ein ernstes Hindernis in unserem Leben, denn sie vernichtet uns, läßt uns Zeit verlieren, und weil sie wesentlich einen Mangel an Vertrauen darstellt, entfernt sie uns von Gott, unserem alleinigen Erlöser.

Für einen Christen gibt es keinen wahren Grund, mutlos zu werden.

- Du „brütest finstere Gedanken".

Du „murmelst Klagen";

Du läßt „alles laufen".

Du glaubst nicht mehr an die Anstrengung:

„Wozu denn kämpfen?"

„Ich werde es nie erreichen."

„Es ist immer die gleiche Geschichte."

Die Mutlosigkeit macht dich unbeweglich. Sie lähmt dich. Sie macht dich tatenlos. Nicht mehr du lenkst dein Leben. Du lebst nicht mehr!

- Du bist mutlos? Das kommt daher, weil du auf *dich* vertraut hast und weil du schmerzlich feststellst, daß du auf dich nicht rechnen kannst. Wenn du auf Gott vertraust, wirst du an deinem Fehler leiden, aber du wirst nicht mutlos sein. Denn Gott ist genauso mächtig und genauso liebevoll nach dem Fehler wie zuvor.

Die Mutlosigkeit ist immer ein Beweis eines zu großen Vertrauens auf sich und eines zu kleinen Vertrauens auf Gott.

- Suche nicht auf künstliche Weise deinen Schwierigkeiten, deinen schlechten Gewohnheiten, deinen Überraschungssünden zu entgehen.

„Wenn ich es doch ungeschehen machen könnte."

„Wenn es möglich wäre, zurückzugehen."

„Wenn ich noch einmal anfangen könnte."

„Es ist unnatürlich, daß ich so viele Schwierigkeiten habe."

„Es ist nicht gerecht."

„Das ist eben meine Veranlagung."

Wenn du über die Sünde siegen willst, dann mußt du das Böse, das in dir ist, zuerst erkennen. Mache keine Winkelzüge, bringe keine Entschuldigungen vor, versuche keine Sperren zu errichten, zu vergessen, in Abrede zu stellen; denn auf diese Weise wirst du die Sünde nicht zerstören. Laß diesen heutigen Fehler gelten. Laß auch die Versuchungen von morgen gelten, die Tyrannei dieser Gewohnheit, diese Gelegenheiten zur Sünde, denen du nicht entgehen kannst. Jesus Christus ist nicht gekommen, um uns von den Versuchungen zu befreien oder um die Möglichkeit zum Sündigen zu unterdrücken, sondern Er ist gekommen, um uns unsere Sünden zu vergeben.

- Beruhige dich, selbst die Heiligen waren vom Kampf

gegen das Böse nicht ausgenommen. Der heilige Paulus schrieb an die Römer: „Ich tue nicht, was ich will, sondern ich vollbringe, was mir verhaßt ist... Ich tue eben nicht das Gute, das ich will, sondern das Böse, das ich nicht will. Wenn ich das Gute tun will, liegt mir das Böse näher... Dem inneren Menschen nach habe ich zwar Freude am Gesetze Gottes. Aber ich nehme in meinen Gliedern ein anderes Gesetz wahr, das im Streite liegt mit dem Gesetz meines Geistes. Es macht mich zum Gefangenen unter dem Gesetz der Sünde, das in meinen Gliedern herrscht. Ich unglückseliger Mensch! Wer erlöst mich von diesem todgeweihten Leibe...?" (92).

– In den Augen Gottes wird der Wert eines Menschen nicht gemessen an seiner Schwäche in den Versuchungen und an der kleinen Zahl seiner Niederlagen, nicht einmal am Fehlen einer materiell schweren Sünde, sondern vor allem an seinem völligen Vertrauen auf die Allmacht des Erlösers, an seiner Liebe und *an seinem Willen, es immer neu zu versuchen.*

– Nur dann bleibt in dir ein kleiner Rest von Mattigkeit, von Trauer und Schwanken der Seele, wenn du nicht genug an die Verzeihung des Herrn glaubst, denn diese Verzeihung muß dir den Frieden und die Freude bringen. Wenn der verlorene Sohn in das Haus zurückkehrt, will der Vater, daß alle das Vergangene vergessen. Er ordnet ein Fest an, um zur *Freude* einzuladen.

„Im Himmel herrscht größere Freude über einen Sünder, der Buße tut, als über 99 Gerechte, die der Buße nicht bedürfen."

92. Röm 7, 15. 22—24.

- Jesus Christus ist streng mit der Sünde, aber mild mit dem Sünder. Wenn du ein Opfer der Sünde bist, kommt der Herr zu dir, um dich noch mehr zu lieben und dich zu retten. Unendliches Geheimnis der Liebe! Laß es mit dir geschehen. Du wirst nach der Sünde inniger mit dem Herrn verbunden sein als vorher. So ist jeder Fehler ein Zeichen, eine Einladung, dich Jesus Christus, dem Erlöser, hinzugeben.

- Du fühlst dich immer schwächer auf Grund der ersten Versuchung;

du entdeckst in dir immer größeren Egoismus und Stolz;

du siehst in deinem Leben immer klarer den Mangel an Liebe, das Zaudern, die Weigerung. Verliere nicht den Mut, *freue dich,* der Herr ist um deinetwillen gekommen. Wenn du dich in Seine Arme wirfst, wird Er dir verzeihen und dich retten können.

Denn wie soll Er dir verzeihen, wenn du nichts findest, das Er dir verzeihen könnte?

Wie willst du, daß Er dich rettet, wenn du dich nicht Ihm zur Rettung übergibst?

- Glaube nicht, daß du den Frieden erlangst, wenn du deiner, deines anständigen Lebens und deiner behaglichen Tugendhaftigkeit immer sicherer bist. Diese Ruhe wäre die schlimmste Täuschung; denn dann würdest du den Herrn nicht brauchen und du wärest allein, schrecklich allein und verwundbar ohne Ihn.

„*Ich bin nicht um der Gerechten willen,* sondern um der Sünder willen gekommen."

„Ich bin gekommen, um zu retten, was verloren war."

„Nicht die Gesunden bedürfen des Arztes, sondern die Kranken."

- Nimm dich in acht vor der besonderen Entmutigung, die die Sünden gegen die Keuschheit nach sich ziehen. Die physische Leere, die sie schaffen, das psychologische Unbehagen, das sie begleitet, der Eindruck der Tyrannei des allmächtigen Instinkts verdunkeln dein Urteil, indem sie deine Schuldhaftigkeit verfälschen. Nicht die Sünden gegen das Fleisch sind die schwersten, sondern die gegen den Glauben, die Hoffnung und die Liebe.

- Die Gewohnheit beschränkt deine Freiheit, sie beschränkt auch die Verantwortlichkeit vor der Sünde.
Wenn die Gewohnheit dich mit ihren Bindungen lähmt, mußt du mit Geduld und Ausdauer deine Freiheit wiedergewinnen.

- Deine Schwachheit festzustellen ist nicht entmutigend, wenn du zugleich immer mehr die Allmacht der göttlichen Liebe entdeckst.

- Die Liebe wird dir nie fehlen, du glaubst nur nicht genug an die Liebe.

- Es ist bedenklich, liegenzubleiben, wenn man gefallen ist; aber es ist ebenso bedenklich, am Straßenrand sitzen zu bleiben und zu behaupten, man sei bereits am Ziel.
Deine Fehler müssen dir die Tatsache deiner Schwächlichkeit vor Augen führen; sie ermöglichen dir wieder, ein kleines Kind zu werden und auf dem Weg zurückzukehren, indem du dem Vater die Hand gibst.

- „Ich stelle mir immer den Herrn vor Augen,
da er zu meiner Rechten ist, werd' ich nicht wanken.
Deshalb freut sich mein Herz und meine Seele ju-
belt,
und auch mein Leib gelangt zur sicheren Ruhe" (93).

93. Ps 15.

Niemals wird unsere Glaubensschau weit und tief genug sein, um die Messe wirklich zu begreifen. Zumindest müssen wir alles tun, um unsere Schau nicht in den Rahmen unserer kleinen menschlichen Begriffe „einzuzwängen". Die Messe ist ein Geheimnis des Glaubens. Sie steht im Mittelpunkt unseres Schicksals und des Schicksals der Welt. Sie ist für den Christen die alleinige Quelle, aus der ihm das Heil erfließt. Durch sie rettet Jesus Christus Tag für Tag das Universum und die Menschheit.

- Was bedeutet die Messe für dich?

    Eine lange Spanne Zeit, in der du dich langweilst?

    Eine gesellschaftliche Gepflogenheit?

    Eine lästige Pflicht?

Oder:

    Die Gelegenheit einer erquickenden Rast zur Andacht und zum Nachdenken?

    Eine „Frömmigkeitsübung" unter anderen?

- Was tust du bei der Messe?

    Du beobachtest den Priester, der dein Freund ist oder einer, an dem du Kritik übst.

    Du hörst, du beurteilst die Gesänge, du mißbilligst oder bewunderst den Ablauf der Zeremonie.

    Du betrachtest bis ins kleinste die Gewänder und die Haltung der Assistenz.

Oder:

Du „meditierst".

Du erwartest eine Unterweisung in der Predigt.

Du gebrauchst sie, um zu beten.

Oder weiter, du begreifst die Messe ein wenig, weil du daran teilzunehmen pflegst, aber:

Du bist enttäuscht, wenn sie nicht ein bestimmter Geistlicher zelebriert, denn er „liest sie besser als..."

Du bevorzugst eine kleine Kapelle oder eine bestimmte Pfarre, weil...

Du „hast nicht den Eindruck, der Messe beigewohnt zu haben", wenn...

So setzen die Menschen das heilige Meßopfer je in verschiedenen Graden auf die Ebene einer rein menschlichen Zeremonie herab, oder sie machen daraus eine Andacht unter vielen, um ihre persönliche Frömmigkeit zu nähren.

- Du vergißt, den Schrein zu öffnen,
du gehst am Wesentlichen vorbei,
du denkst, urteilst und benimmst dich wie ein Mensch bei menschlichen Dingen;
nun muß aber bei der Messe *der vergöttlichte Mensch, das Kind Gottes, das du bist, mit der ganzen Kirche das zentrale Geschehen der menschlichen Geschichte, die Rückkehr der ganzen Schöpfung zum Vater durch das höchste Opfer Jesu Christi, des Gottmenschen, feiern und verwirklichen.*

Bei der Messe bist du mitten im Geheimnis des Glaubens (94).

94. Es scheint uns wichtig, hier an das zu erinnern, was wir in der Einleitung sagten: Wir haben im Laufe dieser Kapitel nicht die

- Als Frucht der Liebe Gottes konnten die Menschheit als Ganzes, der Mensch als Einzelwesen und das Universum in der Vermittlung des Menschen nur Erfolg haben und sich in der Freude ewiglich entfalten, wenn sie sich in einer Geste der völligen Liebe zum Vater hinwandten.

Die Sünde, sowohl die Erbsünde als auch unsere persönlichen Vergehen, ist die Weigerung des Geschöpfes, sich selbst und das Universum seinem Schöpfer zurückzustellen. Der Mensch lebt für sich und nicht für Gott (und für die anderen aus Liebe zu Gott), er bringt die Welt sich selbst und nicht Gott als Opfer dar. Er macht sich zu Gott, verwirrt die Schöpfung und führt die Unordnung in sie ein, die Unzuverlässigkeit, das Leiden und den Tod (95).

- Ohne die Sünde hätte der Mensch voll Freude das Opfer seines Lebens und der Welt Gott dargebracht.

Seit der Sünde setzt diese Hingabe Selbstverzicht und Lossagung voraus; *sie wird eine schmerzvolle Darbietung, eine Hinopferung.*

- Von Anfang an versucht der reumütige und unruhige Mensch, die ursprüngliche Verbindung mit Gott wieder anzuknüpfen, indem er Ihm Opfer darbringt, die aber von Grund auf unvollkommen bleiben.

Absicht, eine erschöpfende Studie jeder Frage zu geben, sondern einige Überlegungen zu der jeweiligen Frage unter bestimmten Gesichtspunkten.

95. Vgl. Das Leiden als tragische Aufgabe des Menschen. Seite 194.

- Ein Mensch, Adam, hat die ganze Menschheit und durch sie die ganze Welt in die Weigerung hineingezogen, für Gott zu leben.

Ein Anderer, Jesus Christus, besiegelt mit Seinem Blut einen Neuen Bund, indem er mit Seinem „Ja" die ganze Menschheit wieder auf den Vater ausrichtet.

- Weil Er Gott ist, weil Er der Mensch in der Fülle ist, der in sich als dem Haupt alle Leiden, das ganze Menschenleben zusammengefaßt hat, weil Er alle ihre Sünden trägt, bringt der Erlöser Seinem Vater ein vollkommenes Opfer dar. Der Vater nimmt dieses Opfer an, und durch die Auferstehung bekundet Er der sündigen Menschheit Seine Verzeihung. Von diesem LEBEN, das Jesus Christus neu geschenkt wurde, wird sie ewiglich leben. Die Erlösung ist verwirklicht, das wahre Pascha ist erfüllt (96), der Zugang zum „Land der Verheißung" (97) ist gesichert.

- Jesus Christus ist als Führer der Menschheit, als Bruder aller Menschen, als Haupt des großen Mystischen Leibes triumphierend in den Himmel eingezogen. Durch Ihn ist der Mensch und sogar die Materie wieder mit Gott verbunden; hinter Ihm her ist die Menschheit und das Universum unaufhaltsam unterwegs hin zur Auferstehung. Der wiedererweckte Christus ist durch sein Opfer das Unterpfand unseres Triumphes.

96. Pascha heißt Durchgang: Die Juden feierten den Durchgang durch das Rote Meer, die Befreiung aus der Knechtschaft der Ägypter.

97. Der Himmel.

Er ist der Weg; niemand kann mehr den allgemeinen Aufstieg aller Geschöpfe zu Gott aufhalten.

Die Messe, vielfältiges Sakrament des Einzigen Opfers Jesu Christi

Du bist frei, die Menschen sind frei. Um ihnen *eine freie Teilnahme an der Erlösung* zu ermöglichen, hat Jesus Christus das Mittel *zur Vergegenwärtigung Seines einmaligen Opfers für alle Menschen aller Zeiten und aller Orte erfunden.*
Weil Er es nicht neuerdings unter der blutigen Gestalt von Kalvaria darstellen konnte, hat Er beim Letzten Abendmahl die sakramentale Gestalt eingesetzt, die Messe genannt wird (98).

- Bei der Messe, *dem vielfältigen Sakrament des Einzigen Opfers Christi,* führt die Kirche durch den Dienst ihrer Priester das Kreuzesopfer wieder in den Raum und die Zeit ein, sie „aktualisiert" es, damit jeder persönlich und alle miteinander imstande seien:

> es unablässig dem Vater im Geiste der Anbetung darzubringen;
>
> an ihm ganz teilzuhaben in der Hingabe der eigenen Person und in der Hingabe der Menschheit und des Universums;
>
> sich die durch Christus erworbene Erlösung zu eigen zu machen in der Teilnahme an Seinem geopferten und wiedererweckten Leib.

---

98. Eine sakramentale Gestalt, ein Sakrament, ist ein sichtbares Zeichen, ein Symbol, das das verwirklicht, was es bezeichnet, ein wirksames Zeichen.

Darbringung der ganzen Schöpfung

- Das Brot und der Wein, die du mit der ganzen Gemeinde bei der Messe darbringst, stellt die Rückkehr
der ganzen Schöpfung zu deinem Schöpfer dar:
> damit das Getreide wächst, hat es sich genährt
> vom Saft der Erde, hat es die Sonnenstrahlen
> aufgenommen und von allen Sternen seinen
> Anteil erfahren...

Der Bauer hat dieses Getreide gesät, der Hand-
werker hat den Pflug gemacht,
> der Bergmann hat das Erz geschürft, der Inge-
> nieur...

Zusammengedrängt in diese paar Getreidekörner,
ausgegossen in diese paar Weintropfen,
> ist das ganze Universum gegenwärtig in seiner
> geheimnisvollen Bemühung, zum Leben auf-
> zusteigen,
> ist die ganze Menschheit da in ihrer bewunde-
> rungswürdigen Bemühung, die Schöpfung zu
> vollenden.

Das ganze Universum, die ganze Menschheit, eins
verbunden mit dem andern, eins abhängig von dem
andern, gegenseitig verpflichtet im Raum, aber auch
verpflichtet in der Zeit: so ist die ganze Schöpfung auf
dem Weg, belastet mit allen Sünden und allen Leiden,
erbebend vor dem ganzen menschlichen Leben, vor
Freude und Liebe.

- Wenn du das Brot und den Wein und das, was sie
sinnbilden, darbringst, anerkennst du, daß diese ganze
Materie und dieses ganze Leben, speziell „dein" Leben,
Gott gehören. Du machst daraus das Opfer.

Die Hand, die sich in einer Geste der Freundschaft ausstreckt, setzt den ganzen Leib und die ganze Seele ein.

Die Lippen, die sich zum Kusse nähern, setzen die ganze Liebe ein.

Bei der Messe bist du die Hand, die Lippen und das Herz der ganzen Menschheit,

> ermöglichst gerade du der Materie und dem ganzen Universum, dem Schöpfer zu sagen: da bin ich,

> flüsterst du mit deinen Brüdern, auf Seite deiner Brüder, vielleicht anstelle deiner Brüder: da sind wir, wir und unser Leiden, unsere Verzichte, unsere Liebe, unser ganzes Leben.

- Wer die Schale des gegenwärtigen Augenblickes reichlicher füllt,

wer in der Anstrengung der täglichen Arbeit die Materie tiefer mit Geist durchdringt,

wer seinen Leib, sein Herz, seinen Geist auf das bestmögliche entwickelt,

wer die Liebe pflegt, wer das Leben weckt und durch die Erziehung in seinem Heim entfaltet,

wer sich beim menschlichen Aufstieg für größere Gerechtigkeit, Freiheit und Frieden einsetzt,

wer immer brüderlicher wird zu den Dingen und den Menschen,

wer leerer wird von sich selbst und bereiter für andere, der kann in sich ein Höchstmaß an Dingen und Ereignissen, eine Höchstzahl von Brüdern, ein Höchstmaß an Leben, ein Höchstmaß an WELT aufnehmen.

Ein solcher Mensch kann Christus dem Mittler auch mehr darbringen.

- Der Erlöser erwartet, daß *der freie und liebende Mensch, in der Zeit und in voller Hingabe an sie,* dieses Opfer des Lebens, das Er am Kreuze in weltumfassender und vollkommener Weise dem Vater dargebracht hat, im einzelnen darbringt.

- Im Laufe deines Erdendaseins mußt du dein tägliches Leben Augenblick für Augenblick als eine dauernde Hingabe leben.

Konsekration

- Deine Arme sind nicht stark genug, um deine Gabe bis zu Gott zu tragen.

Dein Herz ist nicht rein genug, um alles darzubieten, ohne etwas zurückzubehalten.

Du brauchst den, den die Kirche geweiht hat, damit er mit Gott spreche, damit er der Mund Gottes sei, damit er der sichtbare Christus in der Kirche sei.

Du brauchst ihn, damit er über deine Gabe und über die Gabe der Menschheit spreche:

Das ist Mein Leib, das ist Mein Blut.

- Bei der Konsekration vertraust du das Brot und den Wein Jesus Christus an, damit Er es vergöttliche.

Durch die Lippen des Priesters bewirkt der Erlöser die tiefste Umwandlung. Der Kern der Materie selbst wird getroffen, sie überschreitet die Schwelle der erlösten Menschheit. Außergewöhnlich ist die himmlische Aufnahme dieser Materie, sie wird nicht nur Mensch, sondern Gott-Mensch. Durch den wiedererweckten Jesus tritt sie ein in die Auferstehung.

Mit dem Brot und dem Wein ist das Leben, das du dargebracht hast, ist die Menschheit, die du mit deinen christlichen Brüdern darstellst, ist die ganze Welt, ist alles aufgenommen durch Jesus Christus, damit es geopfert, losgekauft und erlöst werde.

- Der Mensch, der sich eines Gegenstandes entäußert, an dem er hängt, um ihn seinem Bruder zu schenken, bringt ein Opfer.

Wer etwas von seinem Geld, seiner Zeit, seinem Leben hergibt, bringt ein größeres Opfer.

Wer sein *ganzes* Leben hergibt, bringt das höchste Opfer.

Als Getaufter vermagst du unendlich viel über das Herz des göttlichen Vaters, denn *deine Eigenschaft als Glied der Kirche verleiht dir das außerordentliche Recht, Ihm einen unendlichen Schatz darzubringen: das vollkommene Opfer Seines Sohnes Jesus.*

Kommunion

- Du bringst dem Vater die Opfergabe Christi dar, und der Vater lädt dich wiederum ein, an deiner eigenen Erlösung teilzuhaben, indem du an deinem Erlöser teilhast.

- Durch die Eucharistie
sind der Tod und die Auferstehung Jesu Christi nicht mehr bloß eine Tatsache der Vergangenheit, die sich zu einem bestimmten Zeitpunkt der Geschichte zugetragen hat,

Jesus ist nicht mehr bloß der Mann, der einem Lande,

einer Rasse, einer Gesellschaftsschicht, einem Zeitabschnitt zugehört:

Er selbst ist, ebenso wie Sein Opfer, Zeitgenosse eines jeden von uns geworden.

- Die Sehnsucht der Liebe geht nach vollkommener Vereinigung: eines will sich ins andere versenken. Jesus Christus hat die Wahl getroffen, ganz und ungeteilt mit Seiner ganzen Erlösung unter der Erscheinungsform eines Bissens Brotes zu sein, damit du dich nährst mit Seiner LIEBE und damit du dich in Ihn umwandelst.

- Wenn du in Gemeinschaft stehst mit dem gestorbenen und wiedererweckten Christus,

nimmst du die Erlösung in deinen Gliedern auf,
befreist du dich von der Sünde,
verwandelst du dein Menschenleben in das Leben
eines Gotteskindes, in das Leben Christi;
aber du trägst die Erlösung auch in deine ganze
Umgebung, in deine Tätigkeit und in deine
Beziehungen.

- Du bist einmalig und unersetzbar, an dem Ort, wo du bist, zu dem Zeitpunkt, da du lebst.

Jesus Christus braucht dich, um dieses Teilchen Materie und Leben, dieses Stück Welt, diesen Augenblick Geschichte zu erreichen.

Wenn du kommunizierst, *bist du dem ganzen Leben, in das du hineingestellt bist, wirksam gegenwärtig;*

du wirst ein Zweig göttlicher Liebe an diesem großen Baum der Welt;

du wirst von neuem der Mund dieses vielgestaltigen

Menschheitsleibes, aber dieses Mal, um ihn mit Ewigem Leben zu nähren;

gerade du läßt ihn wachsen, läßt ihn sich entwickeln und ein wenig mehr zum MYSTISCHEN LEIB Christi werden.

- Du kannst nicht gültig kommunizieren:

wenn du nicht bewußt und freiwillig dein ganzes Sein zu entwickeln suchst;

wenn du deinen Beruf nicht gewissenhaft ausübst;

wenn du dich zu arbeiten weigerst und nur von der Arbeit der anderen lebst;

wenn du dich aus Egoismus abkehrst von jedem Einsatz im Kampf der Menschen für die Gerechtigkeit und den Frieden;

wenn du dich zu lieben weigerst und wenn du das Leben zerstörst, das du schenken könntest;

wenn du dich von einigen deiner Brüder kategorisch trennst.

Denn wenn du kommunizierst, hast du nicht nur Anteil am Leibe Jesu des Erlösers, sondern an Seinem ganzen mystischen Leib, an Seinem Gesamtleib, das heißt, an allen deinen Menschenbrüdern, an denen auf Erden und an denen im Himmel; am ganzen Universum.

- Durch Jesus Christus ist die Erlösung erreicht; du aber verhinderst sie, denn du stellst nicht dein ganzes Leben in die vollkommene Hingabe des Erlösers hinein und du nimmst nicht den ganzen Jesus Christus auf, um Ihn in dein ganzes Leben hineinzustellen.

Die Messe ist der sakramentale Akt der Umwandlung der Welt in Jesus Christus.

Durch sie ist die ganze Christenheit, die ganze Kirche unterwegs und zieht das Universum und die ganze Menschheit nach vorn.

Sie ist der allgemeine Aufstieg zu Gott durch Christus.

„Es liegt nur an dir, dein Leben in die Ganzhingabe zu stellen, dein Handeln und das Handeln der Menschen deiner Zeit mit dem Handeln des Gottmenschen selbst aufs innigste zu verbinden" (99).

- Wenn alles vollendet sein wird,

wenn der Mensch mit Gott die Schöpfung zu ihrer Vollendung gebracht haben wird,

wenn Christus „alles in allem" sein wird,

wenn Sein mystischer Leib sein „Vollalter" erreicht haben wird,

wenn die Erlösung allen und jedem zugewandt sein wird, dann wird Christus alles ergriffen, aufgenommen, vereinigt und neu ausgerichtet haben;

dann wird die Kirche aufhören, den Tod und die Auferstehung Christi zu vergegenwärtigen, denn Er selbst wird kommen;

dann wird der GANZE CHRISTUS mit den durchbohrten, aber ruhmvollen Händen seines Erlösers vor dem Vater erscheinen;

dann wird die ewige Danksagung in der wiedergefundenen LIEBE beginnen . . .

und die Menschheit, das Universum werden für immer vollendet sein.

99. P. Lebret, „Grundsätze für die Aktion".

Warum ist die Begegnung mit der Heiligen Jungfrau für manche unserer Zeitgenossen schwierig geworden? Warum verbiegen wieder andere ihre Frömmigkeit so sehr, daß sie überall ein Eingreifen Unserer Lieben Frau sehen und dieser oder jener Frömmigkeitsübung eine fast magische Kraft zuschreiben? Allzuviel an schablonenhaft Intellektuellem, an zweifelhafter Theologie und an Naivität bildet ein Hindernis und verunstaltet sogar die Einfachheit und die Reinheit Marias; aber auch allzu viele versperrte Herzen und stolze Geister unter uns nehmen ihr Zeugnis für die unendliche Wirkkraft des Unwirksamen nicht an.

Maria steht im Mittelpunkt der menschlichen Geschichte, sie, die die Welt voranschreiten läßt durch die schweigende Zustimmung ihrer unbefleckten Liebe zum großen Plan des Vaters.

- Die Jungfrau Maria ist in den Augen unserer Zeitgenossen nicht „modern"; aber die moderne Welt braucht die Jungfrau Maria, damit sie an die Lebenswerte, die sie vergessen hat, wieder erinnert werde.

- Die Menschen um dich belächeln die Jungfräulichkeit, wenn sie sie nicht gar verachten.

Maria ist nicht modern, denn sie ist Jungfrau.

Aber Maria ist Zeugin für die geistige Fruchtbarkeit der Jungfrauschaft. Durch das Wirken des Heiligen Geistes ist sie Mutter Gottes und Mutter aller Menschen in Christus.

- Wenn du dich mit dem Heiligen Geiste vermählst, wirst du über das Fleisch hinaus und sicherer als durch das Fleisch das Leben und die Liebe in der Welt vermehren.

- Damit die Schöpfung gefördert und umgewandelt werde, damit die Menschheit Fortschritte mache, glaubst du an die Wissenschaft, die Technik... die Atomenergie.
Maria ist nicht modern.

    Ohne auffallende Gesten,
    ohne Predigten,
    ohne großen Aufwand,
    ohne Kampf,
    ohne Blutvergießen,

nur indem sie durch ihr ganzes Leben JA zu Gott sagt, hat sie Christus der Welt geschenkt und mit Ihm die Welt gerettet!

- Im strahlenden Zeitalter der Elektronik, der Automation, der interplanetarischen Raketen...

    erinnert dich Maria an die unendliche Macht
        der reinen Hingabe,
        des Daseins in der Liebe,
        der inneren Bereitschaft,
        des Schweigens.

- Das Ja Marias ist zweifach; es ist die Zustimmung zur Menschwerdung und die Zustimmung zur Erlösung.
Weil sie ganz hingegeben ist an den Dienst für das Reich, weil sie ganz rein ist, bildet nichts in ihr ein Hindernis für diese Menschwerdung und diese Erlösung.
Im Mittelpunkt der Menschheit, die auf dem Weg zu

ihrer Vergöttlichung in Christus ist, ist die Jungfrau
Maria die Wirkkraft in reinem Zustand.

- Die Liebesworte scheinen lächerlich in einem Mund
ohne Liebe.
Der Rosenkranz scheint dir ein unwirksames und gar
ärmliches Gebet in einer modernen Welt, die so reich ist
an Ausdrücken aller Art.
Er ist die Zwiesprache der Liebe: man schaut, bewundert und betrachtet die Geheimnisse Christi, indem
man immer wieder die gleichen Grußformeln und die
gleichen Bitten zu jener spricht, die uns Jesus Christus
geschenkt hat.

- Du und deine Zeitgenossen haben unrecht: Maria
ist die modernste, die erste von allen Frauen der Menschheit.
Sie ist an die Spitze der unzähligen Schar der Menschen
getreten, um Gott entgegenzugehen, den wir verloren
hatten.
Als höchste Spitze der Reinheit der Menschheit,
als ein der Liebe ausgeliefertes Herz,
in völliger Freiheit das JA der Vermählung des Menschen mit Gott aussprechend,
ist sie die erste Frau, die den Bund unendlicher Liebe
für alle Zeiten mit Gott knüpfte. In ihrer Seele und in
ihrem eigenen Fleische ist sie der Ort der Begegnung
des Natürlichen und des Übernatürlichen,
des Endlichen und des Unendlichen,
des Menschen und Gottes.
Sie ist das erste „neu-geschaffene" Geschöpf, ausge-
zeichnet mit dem Glanz des losgekauften Menschen,
Urbild des neuen Menschen, der wir werden müssen.

- Schweigend richtet sich Maria vor der Geschichte auf, lebendige Zeugin für die Transzendenz unseres Schicksals.

Weil sie im Himmel lebt mit Seele, Herz und Leib, hat sie etwas von unserem Fleisch und unserem Blut, etwas von diesem Stoff, der noch auf seine Aufnahme wartet, in den Himmel eingeführt.

Als unsere ältere Schwester
    erwartet sie uns,
    zieht sie uns zu sich,
    baut sie die Menschheit auf,
    baut sie den Kosmos auf.

- Jesus Christus, Sohn Gottes, ist auch der Sohn einer Frau, die Mensch war wie wir.

So gehört Er durch Maria noch mehr zu uns; durch sie wird Er auch „einer von uns".

- Maria ist Mutter Gottes.
Sie ist auch deine Mutter.
Du hast die gleiche Mutter wie Gott.

- Jesus Christus hat durch Maria das Herz einer irdischen Mutter in die Dreifaltige Liebe hineingeführt.

- Suche im Evangelium nach der „kleinen" Jungfrau Maria, der Mutter Jesu, die getreu, verhalten und schmerzbeladen ist. Liebe sie und bete zu ihr.

Aber suche auch, erleuchtet durch deinen reifen Glauben, die „große" Allerheiligste Jungfrau, die Mutter der Kirche, die Mutter des Mystischen Leibes, die einen jeden von uns und die ganze Menschheit in Christus zu neuem Leben gebiert.

- Kein Leben kann zur Welt kommen, wenn nicht eine Mutter da ist, die es schenkt.

Auch nicht das kleinste Teilchen der göttlichen Gnade kann in dir aufbrechen, ohne daß dir die fruchtbare Liebe Marias gegenwärtig wäre.

- Wenn du in der Liebe um mehr Frieden und Gerechtigkeit kämpfst, unterstützt Maria deine Bemühungen, denn sie ist immer da, wenn in ihrem Sohn das Leben gegeben werden soll.

Wenn du am zeitlichen Elend deiner Brüder und an ihren moralischen Prüfungen leidest, wenn du dich bemühst, sie davon zu befreien, nimmt Maria an deiner Bemühung teil, denn überall, wo sich ein Kreuz erhebt, steht sie aufrecht da, bereit zum Opfer, damit in ihrem Sohn die Erlösung aufblühe.

- Maria muß deine Begleiterin im Einsatz sein, denn niemals kannst du die Liebe und das Leben fördern ohne ihr mütterliches Mittun.

- Warum verkennst du die Heilige Jungfrau —
    sie ist es doch, die an erster Stelle dein Leben in
      Christus gelingen läßt,
    sie ist es, die an erster Stelle die Menschheit in
      der brüderlichen Liebe fortschreiten läßt,
    sie ist es, die an erster Stelle die gesamte Schöp-
      fung zu ihrer Verherrlichung in Christus vor-
      anschreiten läßt.

Du verkennst sie, weil sie sich heute in der Geschichte der Menschen wie gestern in der Geschichte ihres Sohnes schweigend auslöscht...

- Sie schweigt, aber sie ist da.

Sage ihr jeden Tag, bei jedem Schritt deines Lebens, so einfach wie möglich:

Gegrüßt seist du, Maria.

Jede echte Liebe setzt den Menschen auf den Weg zu Gott, denn der hl. Johannes sagt uns, daß „jede Liebe von Gott kommt" (100). Wenn aber schon auf natürlichem Gebiet die Liebe die Verheißung des Unendlichen in sich trägt, dann muß der bewußte und freie Mensch, um ins Übernatürliche einzumünden, sein Herz ganz weit der Liebe Christi öffnen. So hat der Christ die außergewöhnliche Macht, durch die Gnade der Liebe Gott und seine Brüder zu lieben, wie Gott Sich selbst und Seine Kinder liebt.

- Der Mensch kann nicht sein:
  ein Hunger ohne Nahrung,
  ein Durst ohne Trank,
  eine Frage ohne Antwort,
  eine Liebe ohne Liebe.
Der Mensch ist schmerzvoll auf der Suche nach seiner Vollendung.

- Auf dem Grunde deines Wunsches zu lieben und geliebt zu werden liegt deine wesentliche Unvollendetheit. Durch die Liebe suchst du deine Entfaltung. Aber diese immerwährende Suche nach Einheit wird dich unbefriedigt lassen, wenn du nicht erfüllt bist von der unendlichen Liebe: Gott.

100. 1 Jo 4, 7—8.

Im Grund des menschlichen Seins ist die Suche nach der Liebe immer eine Suche nach Gott.

- Weil die Liebe dich dir selbst entreißt, nähert sie dich Gott, denn es gibt nur zwei Pole der Anziehung und der Hingabe im Leben eines jeden Menschen: er selbst oder die anderen und Gott.

- Du kannst nicht anders, als ganz und gar auf die Liebe hingewendet sein, denn du bist von aller Ewigkeit her aus Liebe gedacht, und die Liebe ruft die Liebe.

- Du bist ein Liebesgedanke Gottes.
Dein Leben muß eine Liebesantwort sein.

- Die große Offenbarung Jesu Christi
    besteht darin, daß GOTT die LIEBE ist,
    daß das große Abenteuer der Welt und der Menschen eine Geschichte der Liebe ist und
    daß das endgültige Glück nur die Frucht der Liebe sein kann.

- Die echte Liebe ist in dir und in den anderen immer das Zeichen der Gegenwart Gottes; denn Gott ist in jeder Liebe gegenwärtig wie die Sonne in jedem ihrer Strahlen.

- „Die Liebe ist aus Gott, und jeder, der liebt, ist aus Gott geboren und erkennt Gott. Wer nicht liebt, kennt Gott nicht, denn Gott ist die Liebe... Wer in der Liebe bleibt, bleibt in Gott, und Gott bleibt in ihm" (101).

101. 1 Jo 4, 7—8 und 16.

- Du kannst den Spuren Gottes in der Welt nachgehen, wenn du die Zeichen der wahren Liebe zu erraten suchst.

Du kannst Gott bei den Menschen eindringen lassen, wenn du dich vergißt, um die Liebe rings um dich auszusäen.

Du kannst die anderen zu einer Begegnung mit Gott führen, wenn du ihnen hilfst, daß sie ihre Brüder lieben.

- Jedesmal, wenn du liebst, legst du Zeugnis für die Liebe ab. Schweigend verkündigst du Jesus Christus. Eines Tages wirst du den anderen sagen müssen, daß die Liebe eine Person ist.

- Jeder Fortschritt in der Liebe ist immer ein Fortschritt zu Gott hin.

- Im Leben sind die wichtigen Stufen der Liebe die jedesmal angebotene Gelegenheit, die Verbindung mit dem göttlichen Sohne einzugehen:

 des Jünglings Suche nach der Liebe;

 die Entdeckung der Hingabe an die anderen;

 die Freundschaft;

 die Verlobung;

 die Heirat;

 die Mutterschaft und die Vaterschaft;

 der reife Einsatz im Kampf um eine bessere Welt;
dann durch diese großen Abschnitte hindurch die vielfachen Einladungen zum Verschenken:

 der Ausflug mit der Gruppe, das Fußballspiel, der zurückgewiesene Flirt,

 der Streik, das Zettelverteilen, das Plakatankleben,

 das Anhören des Kindes, das Ausbessern des Spielzeuges,

der Kuß trotz der Müdigkeit...

...und immer, alle Zeit, die unaufhörlichen Mahnungen der Liebe, durch die Liebe und von der Liebe zu leben.

Gerade über deine Treue zu Gott in der täglichen Liebe wirst du gerichtet werden.

- Der Weg der Liebe kommt von Gott und führt immer zu Gott, aber:

wenn du meinst, das Ziel erreicht zu haben,

wenn du unterwegs stehenbleibst,

wenn du den Gegenstand deiner Liebe für dich festhalten willst,

dann hört der Weg zu Gott auf, denn du nimmst für Gott, was nur eine verachtenswerte Karikatur ist. Das ist Götzendienst. Die kleinen Götter verbergen den *einzigen* Gott. Wenn du den Weg nicht wieder aufnimmst, bist du zur immerwährenden Unzufriedenheit verurteilt und, was schwerwiegender ist, du verfehlst deine Vollendung.

- Deine Liebe will nur dies: eins werden mit dem geliebten Wesen. Menschlich gesehen — und hierin besteht die Tragik des Menschen — kann die Vereinigung nicht vollkommen sein.

Wenn du willst, daß deine Liebe ihr Ziel erreicht, mußt du Gott ganz in dich aufnehmen, und Gott wird dich innerlich mit allen, die du liebst, vereinen.

- Würdest du mit einer begrenzten Liebe zufrieden sein?

Ich liebe bis zu einem bestimmten Tag...

Ich liebe, aber nicht bis...

Die Liebe ruft nach dem Unendlichen, und nur Gott kann das Unendliche geben.

Du kannst nicht echt und umfassend lieben, ohne deine ganze Liebe der ganzen Liebe Gottes zu öffnen.

- Frage deine Liebe, ob sie die LIEBE liebt.

Wenn ja, wirst du wissen, daß sie fähig ist, unbegrenzt zu lieben.

Wenn nein, wirst du erfahren, daß ihre Liebe vom Unendlichen abgeschnitten ist.

- Du bist zu klein, um Gott in der Liebe zu erreichen und festzuhalten.

Dein Herz ist zu klein, um deine Brüder zu lieben, wie Gott sie liebt.

Und dennoch wünscht Gott, in dieser unendlichen Liebe geliebt zu werden und zu sehen, daß du so deine Brüder liebst.

- Die anderen und die ganze Welt erwarten von dir nicht bloß kurze Liebe, sondern göttliche Liebe.

Deine Liebe darf nicht „natürliche", sondern muß „übernatürliche" Liebe sein.

- Du brauchst die ganze Erlösungsgnade Christi, um deine Liebe vor dem Egoismus zu bewahren.

Du brauchst die ganze Liebe Christi, um deine menschliche Liebe in Nächstenliebe zu verwandeln.

Die Nächstenliebe ist durch das Geschenk der Gnade die geheimnisvolle Macht zu lieben, wie Gott liebt, mit „dem Herzen Christi":

> Gott, deinen Vater;
> die Menschen, deine Brüder.

- Wenn du noch mehr lieben willst, nimm noch mehr die göttliche Liebe in dich auf, laß immer mehr diese LIEBE in dir und durch dich lieben.

- Laß Gott durch dich deine Brüder lieben.

- Wenn du den anderen „menschlich" liebst, vereinigst du ihn mit dir.
Wenn du ihn mit der Nächstenliebe liebst, vereinigst du ihn mit Christus.

- Wenn du mit Christus und in Christus liebst, läßt du den MYSTISCHEN LEIB wachsen, läßt du das Reich des Vaters zunehmen, zu gleicher Zeit, wie du es verkündest.

- Es handelt sich nicht darum, „Nächstenliebe zu üben", sondern „Liebe zu sein".

- „Liebe und tue, was du willst" (102).

102. Augustinus.